全国普法学习读本

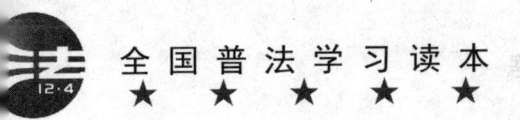

最新行政与科技法律法规读本

科学技术法律法规学习读本
科学技术综合法律法规

叶浦芳　主编

　　加大全民普法力度，建设社会主义法治文化，树立宪法法律至上、法律面前人人平等的法治理念。
　　——中国共产党第十九次全国代表大会《决胜全面建成小康社会　夺取新时代中国特色社会主义伟大胜利》

汕头大学出版社

图书在版编目（CIP）数据

科学技术综合法律法规/叶浦芳主编. -- 汕头：汕头大学出版社，2023.4（重印）

（科学技术法律法规学习读本）

ISBN 978-7-5658-2941-3

Ⅰ.①科… Ⅱ.①叶… Ⅲ.①科学技术管理法规-中国-学习参考资料 Ⅳ.①D922.174

中国版本图书馆 CIP 数据核字（2018）第 035725 号

科学技术综合法律法规　　KEXUE JISHU ZONGHE FALÜ FAGUI

主　　编：	叶浦芳
责任编辑：	邹　峰
责任技编：	黄东生
封面设计：	大华文苑
出版发行：	汕头大学出版社
	广东省汕头市大学路 243 号汕头大学校园内　邮政编码：515063
电　　话：	0754-82904613
印　　刷：	三河市元兴印务有限公司
开　　本：	690mm×960mm 1/16
印　　张：	18
字　　数：	226 千字
版　　次：	2018 年 5 月第 1 版
印　　次：	2023 年 4 月第 2 次印刷
定　　价：	59.60 元（全 2 册）

ISBN 978-7-5658-2941-3

版权所有，翻版必究

如发现印装质量问题，请与承印厂联系退换

前 言

习近平总书记指出:"推进全民守法,必须着力增强全民法治观念。要坚持把全民普法和守法作为依法治国的长期基础性工作,采取有力措施加强法制宣传教育。要坚持法治教育从娃娃抓起,把法治教育纳入国民教育体系和精神文明创建内容,由易到难、循序渐进不断增强青少年的规则意识。要健全公民和组织守法信用记录,完善守法诚信褒奖机制和违法失信行为惩戒机制,形成守法光荣、违法可耻的社会氛围,使遵法守法成为全体人民共同追求和自觉行动。"

中共中央、国务院曾经转发了中央宣传部、司法部关于在公民中开展法治宣传教育的规划,并发出通知,要求各地区各部门结合实际认真贯彻执行。通知指出,全民普法和守法是依法治国的长期基础性工作。深入开展法治宣传教育,是全面建成小康社会和新农村的重要保障。

普法规划指出:各地区各部门要根据实际需要,从不同群体的特点出发,因地制宜开展有特色的法治宣传教育坚持集中法治宣传教育与经常性法治宣传教育相结合,深化法律进机关、进乡村、进社区、进学校、进企业、进单位的"法律六进"主题活动,完善工作标准,建立长效机制。

特别是农业、农村和农民问题,始终是关系党和人民事业发展的全局性和根本性问题。党中央、国务院发布的《关于推进社会主义新农村建设的若干意见》中明确提出要"加强农村法制建设,深入开展农村普法教育,增强农民的法制观念,提高农民依法行使权利和履行义务的自觉性。"多年普法实践证明,普及法律知识,提高法制观念,增强全社会依法办事意识具有重要作用。特别是在广大农村进行普法教育,是提高全民法律素质的需要。

多年来,我国在农村实行的改革开放取得了极大成功,农村发生了翻天覆地的变化,广大农民生活水平大大得到了提高。但是,由于历史和社会等原因,现阶段我国一些地区农民文化素质还不高,不学法、不懂法、不守法现象虽然较原来有所改变,但仍有相当一部分群众的法制观念仍很淡化,不懂、不愿借助法律来保护自身权益,这就极易受到不法的侵害,或极易进行违法犯罪活动,严重阻碍了全面建成小康社会和新农村步伐。

为此,根据党和政府的指示精神以及普法规划,特别是根据广大农村农民的现状,在有关部门和专家的指导下,特别编辑了这套《全国普法学习读本》。主要包括了广大人民群众应知应懂、实际实用的法律法规。为了辅导学习,附录还收入了相应法律法规的条例准则、实施细则、解读解答、案例分析等;同时为了突出法律法规的实际实用特点,兼顾地方性和特殊性,附录还收入了部分某些地方性法律法规以及非法律法规的政策文件、管理制度、应用表格等内容,拓展了本书的知识范围,使法律法规更"接地气",便于读者学习掌握和实际应用。

在众多法律法规中,我们通过甄别,淘汰了废止的,精选了最新的、权威的和全面的。但有部分法律法规有些条款不适应当下情况了,却没有颁布新的,我们又不能擅自改动,只得保留原有条款,但附录却有相应的补充修改意见或通知等。众多法律法规根据不同内容和受众特点,经过归类组合,优化配套。整套普法读本非常全面系统,具有很强的学习性、实用性和指导性,非常适合用于广大农村和城乡普法学习教育与实践指导。总之,是全国全民普法的良好读本。

目　录

中华人民共和国科学技术进步法

第一章　总　则 ………………………………………（2）
第二章　科学研究、技术开发与科学技术应用 ………（4）
第三章　企业技术进步 …………………………………（8）
第四章　科学技术研究开发机构 ………………………（10）
第五章　科学技术人员 …………………………………（12）
第六章　保障措施 ………………………………………（14）
第七章　法律责任 ………………………………………（16）
第八章　附　则 …………………………………………（18）
附　录
　　"十三五"国家科技创新规划 ………………………（19）
　　科技成果登记办法 …………………………………（123）

科学技术保密规定

第一章　总　则 …………………………………………（126）
第二章　国家科学技术秘密的范围和密级 ……………（128）
第三章　国家科学技术秘密的确定、变更和解除 ……（129）
第四章　国家科学技术秘密保密管理 …………………（132）
第五章　附　则 …………………………………………（138）

中华人民共和国科学技术进步法

中华人民共和国主席令

第 82 号

《中华人民共和国科学技术进步法》已由中华人民共和国第十届全国人民代表大会常务委员会第三十一次会议于 2007 年 12 月 29 日修订通过，现将修订后的《中华人民共和国科学技术进步法》公布，自 2008 年 7 月 1 日起施行。

中华人民共和国主席　胡锦涛
2007 年 12 月 29 日

（1993 年 7 月 2 日第八届全国人民代表大会常务委员会第二次会议通过；根据 2007 年 12 月 29 日第十届全国人民代表大会常务委员会第三十一次会议修订）

第一章 总 则

第一条 为了促进科学技术进步，发挥科学技术第一生产力的作用，促进科学技术成果向现实生产力转化，推动科学技术为经济建设和社会发展服务，根据宪法，制定本法。

第二条 国家坚持科学发展观，实施科教兴国战略，实行自主创新、重点跨越、支撑发展、引领未来的科学技术工作指导方针，构建国家创新体系，建设创新型国家。

第三条 国家保障科学技术研究开发的自由，鼓励科学探索和技术创新，保护科学技术人员的合法权益。

全社会都应当尊重劳动、尊重知识、尊重人才、尊重创造。

学校及其他教育机构应当坚持理论联系实际，注重培养受教育者的独立思考能力、实践能力、创新能力，以及追求真理、崇尚创新、实事求是的科学精神。

第四条 经济建设和社会发展应当依靠科学技术，科学技术进步工作应当为经济建设和社会发展服务。

国家鼓励科学技术研究开发，推动应用科学技术改造传统产业、发展高新技术产业和社会事业。

第五条 国家发展科学技术普及事业，普及科学技术知识，提高全体公民的科学文化素质。

国家鼓励机关、企业事业组织、社会团体和公民参与和支持科学技术进步活动。

第六条 国家鼓励科学技术研究开发与高等教育、产业发展相结合，鼓励自然科学与人文社会科学交叉融合和相互促进。

国家加强跨地区、跨行业和跨领域的科学技术合作，扶持民族地区、边远地区、贫困地区的科学技术进步。

国家加强军用与民用科学技术计划的衔接与协调，促进军用与民用科学技术资源、技术开发需求的互通交流和技术双向转移，发展军民两用技术。

第七条 国家制定和实施知识产权战略，建立和完善知识产权制度，营造尊重知识产权的社会环境，依法保护知识产权，激励自主创新。

企业事业组织和科学技术人员应当增强知识产权意识，增强自主创新能力，提高运用、保护和管理知识产权的能力。

第八条 国家建立和完善有利于自主创新的科学技术评价制度。

科学技术评价制度应当根据不同科学技术活动的特点，按照公平、公正、公开的原则，实行分类评价。

第九条 国家加大财政性资金投入，并制定产业、税收、金融、政府采购等政策，鼓励、引导社会资金投入，推动全社会科学技术研究开发经费持续稳定增长。

第十条 国务院领导全国科学技术进步工作，制定科学技术发展规划，确定国家科学技术重大项目、与科学技术密切相关的重大项目，保障科学技术进步与经济建设和社会发展相协调。

地方各级人民政府应当采取有效措施，推进科学技术进步。

第十一条 国务院科学技术行政部门负责全国科学技术进步工作的宏观管理和统筹协调；国务院其他有关部门在各自的职责范围内，负责有关的科学技术进步工作。

县级以上地方人民政府科学技术行政部门负责本行政区域

的科学技术进步工作；县级以上地方人民政府其他有关部门在各自的职责范围内，负责有关的科学技术进步工作。

第十二条　国家建立科学技术进步工作协调机制，研究科学技术进步工作中的重大问题，协调国家科学技术基金和国家科学技术计划项目的设立及相互衔接，协调军用与民用科学技术资源配置、科学技术研究开发机构的整合以及科学技术研究开发与高等教育、产业发展相结合等重大事项。

第十三条　国家完善科学技术决策的规则和程序，建立规范的咨询和决策机制，推进决策的科学化、民主化。

制定科学技术发展规划和重大政策，确定科学技术的重大项目、与科学技术密切相关的重大项目，应当充分听取科学技术人员的意见，实行科学决策。

第十四条　中华人民共和国政府发展同外国政府、国际组织之间的科学技术合作与交流，鼓励科学技术研究开发机构、高等学校、科学技术人员、科学技术社会团体和企业事业组织依法开展国际科学技术合作与交流。

第十五条　国家建立科学技术奖励制度，对在科学技术进步活动中做出重要贡献的组织和个人给予奖励。具体办法由国务院规定。

国家鼓励国内外的组织或者个人设立科学技术奖项，对科学技术进步给予奖励。

第二章　科学研究、技术开发与科学技术应用

第十六条　国家设立自然科学基金，资助基础研究和科学

前沿探索，培养科学技术人才。

国家设立科技型中小企业创新基金，资助中小企业开展技术创新。

国家在必要时可以设立其他基金，资助科学技术进步活动。

第十七条 从事下列活动的，按照国家有关规定享受税收优惠：

（一）从事技术开发、技术转让、技术咨询、技术服务；

（二）进口国内不能生产或者性能不能满足需要的科学研究或者技术开发用品；

（三）为实施国家重大科学技术专项、国家科学技术计划重大项目，进口国内不能生产的关键设备、原材料或者零部件；

（四）法律、国家有关规定规定的其他科学研究、技术开发与科学技术应用活动。

第十八条 国家鼓励金融机构开展知识产权质押业务，鼓励和引导金融机构在信贷等方面支持科学技术应用和高新技术产业发展，鼓励保险机构根据高新技术产业发展的需要开发保险品种。

政策性金融机构应当在其业务范围内，为科学技术应用和高新技术产业发展优先提供金融服务。

第十九条 国家遵循科学技术活动服务国家目标与鼓励自由探索相结合的原则，超前部署和发展基础研究、前沿技术研究和社会公益性技术研究，支持基础研究、前沿技术研究和社会公益性技术研究持续、稳定发展。

科学技术研究开发机构、高等学校、企业事业组织和公民有权依法自主选择课题，从事基础研究、前沿技术研究和社会公益性技术研究。

第二十条　利用财政性资金设立的科学技术基金项目或者科学技术计划项目所形成的发明专利权、计算机软件著作权、集成电路布图设计专有权和植物新品种权，除涉及国家安全、国家利益和重大社会公共利益的外，授权项目承担者依法取得。

项目承担者应当依法实施前款规定的知识产权，同时采取保护措施，并就实施和保护情况向项目管理机构提交年度报告；在合理期限内没有实施的，国家可以无偿实施，也可以许可他人有偿实施或者无偿实施。

项目承担者依法取得的本条第一款规定的知识产权，国家为了国家安全、国家利益和重大社会公共利益的需要，可以无偿实施，也可以许可他人有偿实施或者无偿实施。

项目承担者因实施本条第一款规定的知识产权所产生的利益分配，依照有关法律、行政法规的规定执行；法律、行政法规没有规定的，按照约定执行。

第二十一条　国家鼓励利用财政性资金设立的科学技术基金项目或者科学技术计划项目所形成的知识产权首先在境内使用。

前款规定的知识产权向境外的组织或者个人转让或者许可境外的组织或者个人独占实施的，应当经项目管理机构批准；法律、行政法规对批准机构另有规定的，依照其规定。

第二十二条　国家鼓励根据国家的产业政策和技术政策引进国外先进技术、装备。

利用财政性资金和国有资本引进重大技术、装备的，应当进行技术消化、吸收和再创新。

第二十三条　国家鼓励和支持农业科学技术的基础研究和

应用研究，传播和普及农业科学技术知识，加快农业科学技术成果转化和产业化，促进农业科学技术进步。

县级以上人民政府应当采取措施，支持公益性农业科学技术研究开发机构和农业技术推广机构进行农业新品种、新技术的研究开发和应用。

地方各级人民政府应当鼓励和引导农村群众性科学技术组织为种植业、林业、畜牧业、渔业等的发展提供科学技术服务，对农民进行科学技术培训。

第二十四条　国务院可以根据需要批准建立国家高新技术产业开发区，并对国家高新技术产业开发区的建设、发展给予引导和扶持，使其形成特色和优势，发挥集聚效应。

第二十五条　对境内公民、法人或者其他组织自主创新的产品、服务或者国家需要重点扶持的产品、服务，在性能、技术等指标能够满足政府采购需求的条件下，政府采购应当购买；首次投放市场的，政府采购应当率先购买。

政府采购的产品尚待研究开发的，采购人应当运用招标方式确定科学技术研究开发机构、高等学校或者企业进行研究开发，并予以订购。

第二十六条　国家推动科学技术研究开发与产品、服务标准制定相结合，科学技术研究开发与产品设计、制造相结合；引导科学技术研究开发机构、高等学校、企业共同推进国家重大技术创新产品、服务标准的研究、制定和依法采用。

第二十七条　国家培育和发展技术市场，鼓励创办从事技术评估、技术经纪等活动的中介服务机构，引导建立社会化、专业化和网络化的技术交易服务体系，推动科学技术成果的推广和应用。

技术交易活动应当遵循自愿、平等、互利有偿和诚实信用的原则。

第二十八条　国家实行科学技术保密制度，保护涉及国家安全和利益的科学技术秘密。

国家实行珍贵、稀有、濒危的生物种质资源、遗传资源等科学技术资源出境管理制度。

第二十九条　国家禁止危害国家安全、损害社会公共利益、危害人体健康、违反伦理道德的科学技术研究开发活动。

第三章　企业技术进步

第三十条　国家建立以企业为主体，以市场为导向，企业同科学技术研究开发机构、高等学校相结合的技术创新体系，引导和扶持企业技术创新活动，发挥企业在技术创新中的主体作用。

第三十一条　县级以上人民政府及其有关部门制定的与产业发展相关的科学技术计划，应当体现产业发展的需求。

县级以上人民政府及其有关部门确定科学技术计划项目，应当鼓励企业参与实施和平等竞争；对具有明确市场应用前景的项目，应当鼓励企业联合科学技术研究开发机构、高等学校共同实施。

第三十二条　国家鼓励企业开展下列活动：

（一）设立内部科学技术研究开发机构；

（二）同其他企业或者科学技术研究开发机构、高等学校联合建立科学技术研究开发机构，或者以委托等方式开展科学技术研究开发；

（三）培养、吸引和使用科学技术人员；

（四）同科学技术研究开发机构、高等学校、职业院校或者培训机构联合培养专业技术人才和高技能人才，吸引高等学校毕业生到企业工作；

（五）依法设立博士后工作站；

（六）结合技术创新和职工技能培训，开展科学技术普及活动，设立向公众开放的普及科学技术的场馆或者设施。

第三十三条　国家鼓励企业增加研究开发和技术创新的投入，自主确立研究开发课题，开展技术创新活动。

国家鼓励企业对引进技术进行消化、吸收和再创新。

企业开发新技术、新产品、新工艺发生的研究开发费用可以按照国家有关规定，税前列支并加计扣除，企业科学技术研究开发仪器、设备可以加速折旧。

第三十四条　国家利用财政性资金设立基金，为企业自主创新与成果产业化贷款提供贴息、担保。

政策性金融机构应当在其业务范围内对国家鼓励的企业自主创新项目给予重点支持。

第三十五条　国家完善资本市场，建立健全促进自主创新的机制，支持符合条件的高新技术企业利用资本市场推动自身发展。

国家鼓励设立创业投资引导基金，引导社会资金流向创业投资企业，对企业的创业发展给予支持。

第三十六条　下列企业按照国家有关规定享受税收优惠：

（一）从事高新技术产品研究开发、生产的企业；

（二）投资于中小型高新技术企业的创业投资企业；

（三）法律、行政法规规定的与科学技术进步有关的其他企业。

第三十七条 国家对公共研究开发平台和科学技术中介服务机构的建设给予支持。

公共研究开发平台和科学技术中介服务机构应当为中小企业的技术创新提供服务。

第三十八条 国家依法保护企业研究开发所取得的知识产权。

企业应当不断提高运用、保护和管理知识产权的能力，增强自主创新能力和市场竞争能力。

第三十九条 国有企业应当建立健全有利于技术创新的分配制度，完善激励约束机制。

国有企业负责人对企业的技术进步负责。对国有企业负责人的业绩考核，应当将企业的创新投入、创新能力建设、创新成效等情况纳入考核的范围。

第四十条 县级以上地方人民政府及其有关部门应当创造公平竞争的市场环境，推动企业技术进步。

国务院有关部门和省、自治区、直辖市人民政府应当通过制定产业、财政、能源、环境保护等政策，引导、促使企业研究开发新技术、新产品、新工艺，进行技术改造和设备更新，淘汰技术落后的设备、工艺，停止生产技术落后的产品。

第四章　科学技术研究开发机构

第四十一条 国家统筹规划科学技术研究开发机构的布局，建立和完善科学技术研究开发体系。

第四十二条　公民、法人或者其他组织有权依法设立科学技术研究开发机构。国外的组织或者个人可以在中国境内依法独立设立科学技术研究开发机构，也可以与中国境内的组织或者个人依法联合设立科学技术研究开发机构。

从事基础研究、前沿技术研究、社会公益性技术研究的科学技术研究开发机构，可以利用财政性资金设立。利用财政性资金设立科学技术研究开发机构，应当优化配置，防止重复设置；对重复设置的科学技术研究开发机构，应当予以整合。

科学技术研究开发机构、高等学校可以依法设立博士后工作站。科学技术研究开发机构可以依法在国外设立分支机构。

第四十三条　科学技术研究开发机构享有下列权利：

（一）依法组织或者参加学术活动；

（二）按照国家有关规定，自主确定科学技术研究开发方向和项目，自主决定经费使用、机构设置和人员聘用及合理流动等内部管理事务；

（三）与其他科学技术研究开发机构、高等学校和企业联合开展科学技术研究开发；

（四）获得社会捐赠和资助；

（五）法律、行政法规规定的其他权利。

第四十四条　科学技术研究开发机构应当按照章程的规定开展科学技术研究开发活动；不得在科学技术活动中弄虚作假，不得参加、支持迷信活动。

利用财政性资金设立的科学技术研究开发机构开展科学技术研究开发活动，应当为国家目标和社会公共利益服务；有条件的，应当向公众开放普及科学技术的场馆或者设施，开展科学技术普及活动。

第四十五条 利用财政性资金设立的科学技术研究开发机构应当建立职责明确、评价科学、开放有序、管理规范的现代院所制度，实行院长或者所长负责制，建立科学技术委员会咨询制和职工代表大会监督制等制度，并吸收外部专家参与管理、接受社会监督；院长或者所长的聘用引入竞争机制。

第四十六条 利用财政性资金设立的科学技术研究开发机构，应当建立有利于科学技术资源共享的机制，促进科学技术资源的有效利用。

第四十七条 国家鼓励社会力量自行创办科学技术研究开发机构，保障其合法权益不受侵犯。

社会力量设立的科学技术研究开发机构有权按照国家有关规定，参与实施和平等竞争利用财政性资金设立的科学技术基金项目、科学技术计划项目。

社会力量设立的非营利性科学技术研究开发机构按照国家有关规定享受税收优惠。

第五章 科学技术人员

第四十八条 科学技术人员是社会主义现代化建设事业的重要力量。国家采取各种措施，提高科学技术人员的社会地位，通过各种途径，培养和造就各种专门的科学技术人才，创造有利的环境和条件，充分发挥科学技术人员的作用。

第四十九条 各级人民政府和企业事业组织应当采取措施，提高科学技术人员的工资和福利待遇；对有突出贡献的科学技术人员给予优厚待遇。

第五十条 各级人民政府和企业事业组织应当保障科学技术人员接受继续教育的权利,并为科学技术人员的合理流动创造环境和条件,发挥其专长。

第五十一条 科学技术人员可以根据其学术水平和业务能力依法选择工作单位、竞聘相应的岗位,取得相应的职务或者职称。

第五十二条 科学技术人员在艰苦、边远地区或者恶劣、危险环境中工作,所在单位应当按照国家规定给予补贴,提供其岗位或者工作场所应有的职业健康卫生保护。

第五十三条 青年科学技术人员、少数民族科学技术人员、女性科学技术人员等在竞聘专业技术职务、参与科学技术评价、承担科学技术研究开发项目、接受继续教育等方面享有平等权利。

发现、培养和使用青年科学技术人员的情况,应当作为评价科学技术进步工作的重要内容。

第五十四条 国家鼓励在国外工作的科学技术人员回国从事科学技术研究开发工作。利用财政性资金设立的科学技术研究开发机构、高等学校聘用在国外工作的杰出科学技术人员回国从事科学技术研究开发工作的,应当为其工作和生活提供方便。

外国的杰出科学技术人员到中国从事科学技术研究开发工作的,按照国家有关规定,可以依法优先获得在华永久居留权。

第五十五条 科学技术人员应当弘扬科学精神,遵守学术规范,恪守职业道德,诚实守信;不得在科学技术活动中弄虚作假,不得参加、支持迷信活动。

第五十六条　国家鼓励科学技术人员自由探索、勇于承担风险。原始记录能够证明承担探索性强、风险高的科学技术研究开发项目的科学技术人员已经履行了勤勉尽责义务仍不能完成该项目的，给予宽容。

第五十七条　利用财政性资金设立的科学技术基金项目、科学技术计划项目的管理机构，应当为参与项目的科学技术人员建立学术诚信档案，作为对科学技术人员聘任专业技术职务或者职称、审批科学技术人员申请科学技术研究开发项目等的依据。

第五十八条　科学技术人员有依法创办或者参加科学技术社会团体的权利。

科学技术协会和其他科学技术社会团体按照章程在促进学术交流、推进学科建设、发展科学技术普及事业、培养专门人才、开展咨询服务、加强科学技术人员自律和维护科学技术人员合法权益等方面发挥作用。

科学技术协会和其他科学技术社会团体的合法权益受法律保护。

第六章　保障措施

第五十九条　国家逐步提高科学技术经费投入的总体水平；国家财政用于科学技术经费的增长幅度，应当高于国家财政经常性收入的增长幅度。全社会科学技术研究开发经费应当占国内生产总值适当的比例，并逐步提高。

第六十条　财政性科学技术资金应当主要用于下列事项的投入：

（一）科学技术基础条件与设施建设；

（二）基础研究；

（三）对经济建设和社会发展具有战略性、基础性、前瞻性作用的前沿技术研究、社会公益性技术研究和重大共性关键技术研究；

（四）重大共性关键技术应用和高新技术产业化示范；

（五）农业新品种、新技术的研究开发和农业科学技术成果的应用、推广；

（六）科学技术普及。

对利用财政性资金设立的科学技术研究开发机构，国家在经费、实验手段等方面给予支持。

第六十一条 审计机关、财政部门应当依法对财政性科学技术资金的管理和使用情况进行监督检查。

任何组织或者个人不得虚报、冒领、贪污、挪用、截留财政性科学技术资金。

第六十二条 确定利用财政性资金设立的科学技术基金项目，应当坚持宏观引导、自主申请、平等竞争、同行评审、择优支持的原则；确定利用财政性资金设立的科学技术计划项目的项目承担者，应当按照国家有关规定择优确定。

利用财政性资金设立的科学技术基金项目、科学技术计划项目的管理机构，应当建立评审专家库，建立、健全科学技术基金项目、科学技术计划项目的专家评审制度和评审专家的遴选、回避、问责制度。

第六十三条 国家遵循统筹规划、优化配置的原则，整合和设置国家科学技术研究实验基地。

国家鼓励设置综合性科学技术实验服务单位，为科学技术研究开发机构、高等学校、企业和科学技术人员提供或者委托他人提供科学技术实验服务。

第六十四条　国家根据科学技术进步的需要，按照统筹规划、突出共享、优化配置、综合集成、政府主导、多方共建的原则，制定购置大型科学仪器、设备的规划，并开展对以财政性资金为主购置的大型科学仪器、设备的联合评议工作。

第六十五条　国务院科学技术行政部门应当会同国务院有关主管部门，建立科学技术研究基地、科学仪器设备和科学技术文献、科学技术数据、科学技术自然资源、科学技术普及资源等科学技术资源的信息系统，及时向社会公布科学技术资源的分布、使用情况。

科学技术资源的管理单位应当向社会公布所管理的科学技术资源的共享使用制度和使用情况，并根据使用制度安排使用；但是，法律、行政法规规定应当保密的，依照其规定。

科学技术资源的管理单位不得侵犯科学技术资源使用者的知识产权，并应当按照国家有关规定确定收费标准。管理单位和使用者之间的其他权利义务关系由双方约定。

第六十六条　国家鼓励国内外的组织或者个人捐赠财产、设立科学技术基金，资助科学技术研究开发和科学技术普及。

第七章　法律责任

第六十七条　违反本法规定，虚报、冒领、贪污、挪用、截留用于科学技术进步的财政性资金，依照有关财政违法行为处罚处分的规定责令改正，追回有关财政性资金和违法所得，依法给予行政处罚；对直接负责的主管人员和其他直接责任人员依法给予处分。

第六十八条　违反本法规定，利用财政性资金和国有资本购置大型科学仪器、设备后，不履行大型科学仪器、设备等科学技术资源共享使用义务的，由有关主管部门责令改正，对直接负责的主管人员和其他直接责任人员依法给予处分。

第六十九条　违反本法规定，滥用职权，限制、压制科学技术研究开发活动的，对直接负责的主管人员和其他直接责任人员依法给予处分。

第七十条　违反本法规定，抄袭、剽窃他人科学技术成果，或者在科学技术活动中弄虚作假的，由科学技术人员所在单位或者单位主管机关责令改正，对直接负责的主管人员和其他直接责任人员依法给予处分；获得用于科学技术进步的财政性资金或者有违法所得的，由有关主管部门追回财政性资金和违法所得；情节严重的，由所在单位或者单位主管机关向社会公布其违法行为，禁止其在一定期限内申请国家科学技术基金项目和国家科学技术计划项目。

第七十一条　违反本法规定，骗取国家科学技术奖励的，由主管部门依法撤销奖励，追回奖金，并依法给予处分。

违反本法规定，推荐的单位或者个人提供虚假数据、材料，协助他人骗取国家科学技术奖励的，由主管部门给予通报批评；情节严重的，暂停或者取消其推荐资格，并依法给予处分。

第七十二条　违反本法规定，科学技术行政等有关部门及其工作人员滥用职权、玩忽职守、徇私舞弊的，对直接负责的主管人员和其他直接责任人员依法给予处分。

第七十三条　违反本法规定，其他法律、法规规定行政处罚的,依照其规定;造成财产损失或者其他损害的,依法承担民事责任;构成犯罪的,依法追究刑事责任。

第八章 附 则

第七十四条 涉及国防科学技术的其他有关事项,由国务院、中央军事委员会规定。

第七十五条 本法自 2008 年 7 月 1 日起施行。

附 录

"十三五"国家科技创新规划

国务院关于印发"十三五"国家科技创新规划的通知

国发〔2016〕43号

各省、自治区、直辖市人民政府,国务院各部委、各直属机构:

现将《"十三五"国家科技创新规划》印发给你们,请认真贯彻执行。

国务院
2016年7月28日

"十三五"国家科技创新规划,依据《中华人民共和国国民经济和社会发展第十三个五年规划纲要》、《国家创新驱动发展战略纲要》和《国家中长期科学和技术发展规划纲要(2006—2020年)》编制,主要明确"十三五"时期科技创新的总体思路、发展目标、主要任务和重大举措,是国家在科技创新领域的重点专项规划,是我国迈进创新型国家行列的行动指南。

第一篇 迈进创新型国家行列

"十三五"时期是全面建成小康社会和进入创新型国家行列的决胜阶段,是深入实施创新驱动发展战略、全面深化科技体制改革的关键时期,必须认真贯彻落实党中央、国务院决策部署,面向全球、立足全局,深刻认识并准确把握经济发展新常态的新要求和国内外科技创新的新趋势,系统谋划创新发展新路径,以科技创新为引领开拓发展新境界,加速迈进创新型国家行列,加快建设世界科技强国。

第一章 把握科技创新发展新态势

"十二五"以来特别是党的十八大以来,党中央、国务院高度重视科技创新,作出深入实施创新驱动发展战略的重大决策部署。我国科技创新步入以跟踪为主转向跟踪和并跑、领跑并存的新阶段,正处于从量的积累向质的飞跃、从点的突破向系统能力提升的重要时期,在国家发展全局中的核心位置更加凸显,在全球创新版图中的位势进一步提升,已成为具有重要影响力的科技大国。

科技创新能力持续提升,战略高技术不断突破,基础研究国际影响力大幅增强。取得载人航天和探月工程、载人深潜、深地钻探、超级计算、量子反常霍尔效应、量子通信、中微子振荡、诱导多功能干细胞等重大创新成果。2015年,全社会研究与试验发展经费支出达14220亿元;国际科技论文数稳居世界第2位,被引用数升至第4位;全国技术合同成交金额达到9835亿元;国家综合创新能力跻身世界第18位。经济增长的科技含量不断提升,科技进步贡献率从2010年的50.9%提高到2015年的55.3%。高速铁路、水电装备、特高压输变电、杂交水稻、第四代移动通信（4G）、对地观测卫星、北斗导航、电动汽车等重大装备和战略产品取得重大突破，部分产品和技术开始走向世界。科技体制改革向系统化纵深化迈进，中央财政科技计划（专项、基金等）管理改革取得实质性进展，科技资源统筹协调进一步加强，市场导向的技术创新机制逐步完善，企业技术创新主体地位不断增强。科技创新国际化水平大幅提升，国际科技合作深入开展，国际顶尖科技人才、研发机构等高端创新资源加速集聚，科技外交在国家总体外交中的作用日益凸显。全社会创新创业生态不断优化，国家自主创新示范区和高新技术产业开发区成为创新创业重要载体，《中华人民共和国促进科技成果转化法》修订实施，企业研发费用加计扣除等政策落实成效明显，科技与金融结合更加紧密，公民科学素质稳步提升，全社会创新意识和创新活力显著增强。

"十三五"时期，世界科技创新呈现新趋势，国内经济社会发展进入新常态。

全球新一轮科技革命和产业变革蓄势待发。科学技术从微观到宏观各个尺度向纵深演进，学科多点突破、交叉融合趋势日益明显。物质结构、宇宙演化、生命起源、意识本质等一些重大科学问题的原创性突破正在开辟新前沿新方向，信息网络、人工智能、生物技术、清洁能源、新材料、先进制造等领域呈现群体跃进态势，颠覆性技术不断涌现，催生新经济、新产业、新业态、新模式，对人类生产方式、生活方式乃至思维方式将产生前所未有的深刻影响。科技创新在应对人类共同挑战、实现可持续发展中发挥着日益重要的作用。全球创新创业进入高度密集活跃期，人才、知识、技术、资本等创新资源全球流动的速度、范围和规模达到空前水平。创新模式发生重大变化，创新活动的网络化、全球化特征更加突出。全球创新版图正在加速重构，创新多极化趋势日益明显，科技创新成为各国实现经济再平衡、打造国家竞争新优势的核心，正在深刻影响和改变国家力量对比，重塑世界经济结构和国际竞争格局。

　　我国经济发展进入速度变化、结构优化和动力转换的新常态。推进供给侧结构性改革，促进经济提质增效、转型升级，迫切需要依靠科技创新培育发展新动力。协调推进新型工业化、信息化、城镇化、农业现代化和绿色化，建设生态文明，迫切需要依靠科技创新突破资源环境瓶颈制约。应对人口老龄化、消除贫困、增强人民健康素质、创新社会治理，迫切需要依靠科技创新支撑民生改善。落实总体国家安全观，维护国家安全和战略利益，迫切需要依靠科技创新提供强大保障。同时，我国国民收入稳步增加，市场需求加速释放，产业体系更加完备，体制活力显著增强，教育水平和人力资本素质持续提升，经济具有持续向好发展的巨大潜力、韧性和回旋余地，综合国力将再上新台阶，必将为科技创新的加速突破提供坚实基础。

　　同时，必须清醒地认识到，与进入创新型国家行列和建设世界科技强国的要求相比，我国科技创新还存在一些薄弱环节和深层次问题，主要表现为：科技基础仍然薄弱，科技创新能力特别是原创能力还有很大差距，关键领域核心技术受制于人的局面没有从根本上改变，许多产业仍处于全球价值链中低端，科技对经济增长的贡献率还不够高。制约创新发展的思想观念和深层次体制机制障碍依然存在，创新体系整体效能不高。高层次领军人才和高技能人才十分缺乏，创新型企业家群体亟需发展壮大。激励创新的环境亟待完善，政策措施落实力度需要进一步加强，创新资源开放共享水平有待提高，科学精神和创新文化需要进一步弘扬。

　　综合判断，我国科技创新正处于可以大有作为的重要战略机遇期，也面临着差距进一步拉大的风险。必须牢牢把握机遇，树立创新自信，增强忧患意识，勇于攻坚克难，主动顺应和引领时代潮流，把科技创新摆在更加重要位置，优化科技事业发展总体布局，让创新成为国家意志和全社会的共同行动，在新的历史起点上开创国家创新发展新局面，开启建设世界科技强国新征程。

第二章　确立科技创新发展新蓝图

一、指导思想

"十三五"时期科技创新的指导思想是：高举中国特色社会主义伟大旗帜，全面贯彻党的十八大和十八届三中、四中、五中全会精神，以马克思列宁主义、毛泽东思想、邓小平理论、"三个代表"重要思想、科学发展观为指导，深入贯彻习近平总书记系列重要讲话精神，认真落实党中央、国务院决策部署，坚持"五位一体"总体布局和"四个全面"战略布局，坚持创新、协调、绿色、开放、共享发展理念，坚持自主创新、重点跨越、支撑发展、引领未来的指导方针，坚持创新是引领发展的第一动力，把创新摆在国家发展全局的核心位置，以深入实施创新驱动发展战略、支撑供给侧结构性改革为主线，全面深化科技体制改革，大力推进以科技创新为核心的全面创新，着力增强自主创新能力，着力建设创新型人才队伍，着力扩大科技开放合作，着力推进大众创业万众创新，塑造更多依靠创新驱动、更多发挥先发优势的引领型发展，确保如期进入创新型国家行列，为建成世界科技强国奠定坚实基础，为实现"两个一百年"奋斗目标和中华民族伟大复兴中国梦提供强大动力。

二、基本原则

——坚持把支撑国家重大需求作为战略任务。聚焦国家战略和经济社会发展重大需求，明确主攻方向和突破口；加强关键核心共性技术研发和转化应用；充分发挥科技创新在培育发展战略性新兴产业、促进经济提质增效升级、塑造引领型发展和维护国家安全中的重要作用。

——坚持把加速赶超引领作为发展重点。把握世界科技前沿发展态势，在关系长远发展的基础前沿领域，超前规划布局，实施非对称战略，强化原始创新，加强基础研究，在独创独有上下功夫，全面增强自主创新能力，在重要科技领域实现跨越发展，跟上甚至引领世界科技发展新方向，掌握新一轮全球科技竞争的战略主动。

——坚持把科技为民作为根本宗旨。紧紧围绕人民切身利益和紧迫需求，把科技创新与改善民生福祉相结合，发挥科技创新在提高人民生活水平、增强全民科学文化素质和健康素质、促进高质量就业创业、扶贫脱贫、建设资源节约型环境友好型社会中的重要作用，让更多创新成果由人民共享，提升民众获得感。

——坚持把深化改革作为强大动力。坚持科技体制改革和经济社会领域改革同步发力，充分发挥市场配置创新资源的决定性作用和更好发挥政府作用，强化技术创新的市场导向机制，破除科技与经济深度融合的体制机制障碍，激励原创突破和成果转化，切实提高科技投入效率，形成充满活力的科技管理和运行机制，为创新发展提供持续动力。

——坚持把人才驱动作为本质要求。落实人才优先发展战略，把人才资源开发摆在科技创新最优先的位置，在创新实践中发现人才，在创新活动中培养人才，在创新事业中凝聚人才，改革人才培养使用机制，培育造就规模宏大、结构合理、素质优良的人才队伍。

——坚持把全球视野作为重要导向。主动融入布局全球创新网络,在全球范围内优化配置创新资源,把科技创新与国家外交战略相结合,推动建立广泛的创新共同体,在更高水平上开展科技创新合作,力争成为若干重要领域的引领者和重要规则的贡献者,提高在全球创新治理中的话语权。

三、发展目标

"十三五"科技创新的总体目标是:国家科技实力和创新能力大幅跃升,创新驱动发展成效显著,国家综合创新能力世界排名进入前15位,迈进创新型国家行列,有力支撑全面建成小康社会目标实现。

——自主创新能力全面提升。基础研究和战略高技术取得重大突破,原始创新能力和国际竞争力显著提升,整体水平由跟跑为主向并行、领跑为主转变。研究与试验发展经费投入强度达到2.5%,基础研究占全社会研发投入比例大幅提高,规模以上工业企业研发经费支出与主营业务收入之比达到1.1%;国际科技论文被引次数达到世界第二;每万人口发明专利拥有量达到12件,通过《专利合作条约》(PCT)途径提交的专利申请量比2015年翻一番。

——科技创新支撑引领作用显著增强。科技创新作为经济工作的重要方面,在促进经济平衡性、包容性和可持续性发展中的作用更加突出,科技进步贡献率达到60%。高新技术企业营业收入达到34万亿元,知识密集型服务业增加值占国内生产总值(GDP)的比例达到20%,全国技术合同成交金额达到2万亿元;成长起一批世界领先的创新型企业、品牌和标准,若干企业进入世界创新百强,形成一批具有强大辐射带动作用的区域创新增长极,新产业、新经济成为创造国民财富和高质量就业的新动力,创新成果更多为人民共享。

——创新型人才规模质量同步提升。规模宏大、结构合理、素质优良的创新型科技人才队伍初步形成,涌现一批战略科技人才、科技领军人才、创新型企业家和高技能人才,青年科技人才队伍进一步壮大,人力资源结构和就业结构显著改善,每万名就业人员中研发人员达到60人年。人才评价、流动、激励机制更加完善,各类人才创新活力充分激发。

——有利于创新的体制机制更加成熟定型。科技创新基础制度和政策体系基本形成,科技创新管理的法治化水平明显提高,创新治理能力建设取得重大进展。以企业为主体、市场为导向的技术创新体系更加健全,高等学校、科研院所治理结构和发展机制更加科学,军民融合创新机制更加完善,国家创新体系整体效能显著提升。

——创新创业生态更加优化。科技创新政策法规不断完善,知识产权得到有效保护。科技与金融结合更加紧密,创新创业服务更加高效便捷。人才、技术、资本等创新要素流动更加顺畅,科技创新全方位开放格局初步形成。科学精神进一步弘扬,创新创业文化氛围更加浓厚,全社会科学文化素质明显提高,公民具备科学素质的比例超过10%。

专栏1 "十三五"科技创新主要指标

	指标	2015年指标值	2020年目标值
1	国家综合创新能力世界排名(位)	18	15
2	科技进步贡献率(%)	55.3	60
3	研究与试验发展经费投入强度(%)	2.1	2.5
4	每万名就业人员中研发人员(人年)	48.5	60
5	高新技术企业营业收入(万亿元)	22.2	34
6	知识密集型服务业增加值占国内生产总值的比例(%)	15.6	20

续表

指标		2015年指标值	2020年目标值
7	规模以上工业企业研发经费支出与主营业务收入之比（%）	0.9	1.1
8	国际科技论文被引次数世界排名	4	2
9	PCT专利申请量（万件）	3.05	翻一番
10	每万人口发明专利拥有量（件）	6.3	12
11	全国技术合同成交金额（亿元）	9835	20000
12	公民具备科学素质的比例（%）	6.2	10

四、总体部署

未来五年，我国科技创新工作将紧紧围绕深入实施国家"十三五"规划纲要和创新驱动发展战略纲要，有力支撑"中国制造2025"、"互联网+"、网络强国、海洋强国、航天强国、健康中国建设、军民融合发展、"一带一路"建设、京津冀协同发展、长江经济带发展等国家战略实施，充分发挥科技创新在推动产业迈向中高端、增添发展新动能、拓展发展新空间、提高发展质量和效益中的核心引领作用。

一是围绕构筑国家先发优势，加强兼顾当前和长远的重大战略布局。加快实施国家科技重大专项，启动"科技创新2030—重大项目"；构建具有国际竞争力的产业技术体系，加强现代农业、新一代信息技术、智能制造、能源等领域一体化部署，推进颠覆性技术创新，加速引领产业变革；健全支撑民生改善和可持续发展的技术体系，突破资源环境、人口健康、公共安全等领域的瓶颈制约；建立保障国家安全和战略利益的技术体系，发展深海、深地、深空、深蓝等领域的战略高技术。

二是围绕增强原始创新能力，培育重要战略创新力量。持续加强基础研究，全面布局、前瞻部署，聚焦重大科学问题，提出并牵头组织国际大科学计划和大科学工程，力争在更多基础前沿领域引领世界科学方向，在更多战略性领域实现率先突破；完善以国家实验室为引领的创新基地建设，按功能定位分类推进科研基地的优化整合。培育造就一批世界水平的科学家、科技领军人才、高技能人才和高水平创新团队，支持青年科技人才脱颖而出，壮大创新型企业家队伍。

三是围绕拓展创新发展空间，统筹国内国际两个大局。支持北京、上海建设具有全球影响力的科技创新中心，建设一批具有重大带动作用的创新型省市和区域创新中心，推动国家自主创新示范区和高新区创新发展，系统推进全面创新改革试验；完善区域协同创新机制，加大科技扶贫力度，激发基层创新活力；打造"一带一路"协同创新共同体，提高全球配置创新资源的能力，深度参与全球创新治理，促进创新资源双向开放和流动。

四是围绕推进大众创业万众创新，构建良好创新创业生态。大力发展科技服务业，建立统一开放的技术交易市场体系，提升面向创新全链条的服务能力；加强创新创业综合载体建设，发展众创空间，支持众创众包众扶众筹，服务实体经济转型升级；深入实施知识产权和技术标准战略。完善科技与金融结合机制，大力发展创业投资和多层次资本市场。

五是围绕破除束缚创新和成果转化的制度障碍，全面深化科技体制改革。加快中央财政科技计划（专项、基金等）管理改革，强化科技资源的统筹协调；深入实施国家技术创新工程，建设国家技术创新中心，提高企业创新能力；推动健全现代大学制度和科研院所制度，培育面向市场的新型研发机构，构建更加高效的科研组织体系;实施促进科技成果转移转化行动,完善科技成果转移转化机制,大力推进军民融合科技创新。

六是围绕夯实创新的群众和社会基础,加强科普和创新文化建设。深入实施全民科学素质行动,全面推进全民科学素质整体水平的提升;加强科普基础设施建设,大力推动科普信息化,培育发展科普产业;推动高等学校、科研院所和企业的各类科研设施向社会公众开放;弘扬科学精神,加强科研诚信建设,增强与公众的互动交流,培育尊重知识、崇尚创造、追求卓越的企业家精神和创新文化。

第三章 建设高效协同国家创新体系

深入实施创新驱动发展战略,支撑供给侧结构性改革,必须统筹推进高效协同的国家创新体系建设,促进各类创新主体协同互动、创新要素顺畅流动高效配置,形成创新驱动发展的实践载体、制度安排和环境保障。

一、培育充满活力的创新主体

进一步明确各类创新主体的功能定位,突出创新人才的核心驱动作用,增强企业的创新主体地位和主导作用,发挥国家科研机构的骨干和引领作用,发挥高等学校的基础和生力军作用,鼓励和引导新型研发机构等发展,充分发挥科技类社会组织的作用,激发各类创新主体活力,系统提升创新主体能力。

二、系统布局高水平创新基地

瞄准世界科技前沿和产业变革趋势,聚焦国家战略需求,按照创新链、产业链加强系统整合布局,以国家实验室为引领,形成功能完备、相互衔接的创新基地,充分聚集一流人才,增强创新储备，提升创新全链条支撑能力，为实现重大创新突破、培育高端产业奠定重要基础。

三、打造高端引领的创新增长极

遵循创新区域高度聚集规律，结合区域创新发展需求，引导高端创新要素围绕区域生产力布局加速流动和聚集，以国家自主创新示范区和高新区为基础、区域创新中心和跨区域创新平台为龙头，推动优势区域打造具有重大引领作用和全球影响力的创新高地，形成区域创新发展梯次布局，带动区域创新水平整体提升。

四、构建开放协同的创新网络

围绕打通科技与经济的通道，以技术市场、资本市场、人才市场为纽带，以资源开放共享为手段，围绕产业链部署创新链，围绕创新链完善资金链，加强各类创新主体间合作，促进产学研用紧密结合，推进科教融合发展，深化军民融合创新，健全创新创业服务体系，构建多主体协同互动与大众创新创业有机结合的开放高效创新网络。

五、建立现代创新治理结构

进一步明确政府和市场分工，持续推进简政放权、放管结合、优化服务改革，推动政府职能从研发管理向创新服务转变；明确和完善中央与地方分工，强化上下联动和统筹协调；加强科技高端智库建设，完善科技创新重大决策机制；改革完善资源配置机制，引导社会资源向创新集聚，提高资源配置效率，形成政府引导作用与市场决定性作用有机结合的创新驱动制度安排。

六、营造良好创新生态

强化创新的法治保障，积极营造有利于知识产权创造和保护的法治环境；持续优化创新政策供给，构建普惠性创新政策体系，增强政策储备，加大重点政策落实力度；激发全社会的创造活力，营造崇尚创新创业的文化环境。

第二篇 构筑国家先发优势

围绕提升产业竞争力、改善民生和保障国家安全的战略需求，加强重点领域的系统部署，为塑造更多依靠创新驱动、发挥先发优势的引领型发展提供有力支撑。

第四章 实施关系国家全局和长远的重大科技项目

重大科技项目是体现国家战略目标、集成科技资源、实现重点领域跨越发展的重要抓手。"十三五"期间，要在实施好已有国家科技重大专项的基础上，面向2030年再部署一批体现国家战略意图的重大科技项目，探索社会主义市场经济条件下科技创新的新型举国体制，完善重大项目组织模式，在战略必争领域抢占未来竞争制高点，开辟产业发展新方向，培育新经济增长点，带动生产力跨越发展，为提高国家综合竞争力、保障国家安全提供强大支撑。

一、深入实施国家科技重大专项

按照聚焦目标、突出重点、加快推进的要求，加快实施已部署的国家科技重大专项，推动专项成果应用及产业化，提升专项实施成效，确保实现专项目标。持续攻克"核高基"（核心电子器件、高端通用芯片、基础软件）、集成电路装备、宽带移动通信、数控机床、油气开发、核电、水污染治理、转基因、新药创制、传染病防治等关键核心技术，着力解决制约经济社会发展和事关国家安全的重大科技问题；研发具有国际竞争力的重大战略产品，建设高水平重大示范工程，发挥对民生改善和国家支柱产业发展的辐射带动作用；凝聚和培养一批科技领军人才和高水平创新创业团队，建成一批引领性强的创新平台和具有国际影响力的产业化基地，造就一批具有较强国际竞争力的创新型领军企业，在部分领域形成世界领先的高科技产业。

专栏2　国家科技重大专项

核心电子器件、高端通用芯片及基础软件产品。突破超级计算机中央处理器（CPU）架构设计技术，提升服务器及桌面计算机CPU、操作系统和数据库、办公软件等的功能、效能和可靠性，攻克智能终端嵌入式CPU和操作系统的高性能低功耗等核心关键技术；面向云计算、大数据等新需求开展操作系统等关键基础软硬件研发，基本形成核心电子器件、高端通用芯片和基础软件产品的自主发展能力，扭转我国基础信息产品在安全可控、自主保障方面的被动局面。

极大规模集成电路制造装备及成套工艺。攻克14纳米刻蚀设备、薄膜设备、掺杂设备等高端制造装备及零部件，突破28纳米浸没式光刻机及核心部件，研制300毫米硅片等关键材料，研发14纳米逻辑与存储芯片成套工艺及相应系统封测技术，开展75纳米关键技术研究，形成28—14纳米装备、材料、工艺、封测等较完整的产业链，整体创新能力进入世界先进行列。

新一代宽带无线移动通信网。开展第五代移动通信（5G）关键核心技术和国际标准以及5G芯片、终端及系统设备等关键产品研制，重点推进5G技术标准和生态系统构建，支持4G增强技术的芯片、仪表等技术薄弱环节的攻关，形成完整的宽带无线移动通信产业链，保持与国际先进水平同步发展，推动我国成为宽带无线移动通信技术、标准、产业、服务与应用领域的领先国家之一，为2020年启动5G商用提供支撑。

高档数控机床与基础制造装备。重点攻克高档数控系统、功能部件及刀具等关键共性技术和高档数控机床可靠性、精度保持性等关键技术，满足航空航天、汽车领域对高精度、高速度、高可靠性高档数控机床的急需，提升高档数控机床与基础制造装备主要产品的自主开发能力，总体技术水平进入国际先进行列，部分产品国际领先。

续表

  大型油气田及煤层气开发。重点攻克陆上深层、海洋深水油气勘探开发技术和装备并实现推广应用，攻克页岩气、煤层气经济有效开发的关键技术与核心装备，以及提高复杂油气田采收率的新技术，提升关键技术开发、工业装备制造能力，为保障我国油气安全提供技术支撑。

  大型先进压水堆及高温气冷堆核电站。突破CAP1400压水堆屏蔽主泵、控制系统、燃料组件等关键技术和试验验证，高温堆蒸汽发生器、燃料系统、核级石墨等关键技术设备材料和验证。2017年，20万千瓦高温气冷堆核电站示范工程实现并网发电；2020年，CAP1400示范工程力争建设完成。形成具有国际先进水平的核电技术研发、试验验证、关键设备设计制造、标准和自主知识产权体系，打造具有国际竞争力的核电设计、建设和服务全产业链。

  水体污染控制与治理。按照控源减排、减负修复、综合调控的步骤，在水循环系统修复、水污染全过程治理、饮用水安全保障、生态服务功能修复和长效管理机制等方面研发一批核心关键技术，集成一批整装成套的技术和设备，在京津冀地区和太湖流域开展综合示范，形成流域水污染治理、水环境管理和饮用水安全保障三大技术体系，建设水环境监测与监控大数据平台。

  转基因生物新品种培育。加强作物抗虫、抗病、抗旱、抗寒基因技术研究，加大转基因棉花、玉米、大豆研发力度，推进新型抗虫棉、抗虫玉米、抗除草剂大豆等重大产品产业化，强化基因克隆、转基因操作、生物安全新技术研发，在水稻、小麦等主粮作物中重点支持基于非胚乳特异性表达、基因编辑等新技术的性状改良研究，使我国农业转基因生物研究整体水平跃居世界前列，为保障国家粮食安全提供品种和技术储备。建成规范的生物安全性评价技术体系，确保转基因产品安全。

  重大新药创制。围绕恶性肿瘤、心脑血管疾病等10类（种）重大疾病，加强重大疫苗、抗体研制，重点支持创新性强、疗效好、满足重要需求、具有重大产业化前景的药物开发，以及重大共性关键技术和基础研究能力建设，强化创新平台的资源共享和开放服务，基本建成具有世界先进水平的国家药物创新体系，新药研发的综合能力和整体水平进入国际先进行列，加速推进我国由医药大国向医药强国转变。

续表

艾滋病和病毒性肝炎等重大传染病防治。突破突发急性传染病综合防控技术，提升应急处置技术能力；攻克艾滋病、乙肝、肺结核诊防治关键技术和产品，加强疫苗研究，研发一批先进检测诊断产品，提高艾滋病、乙肝、肺结核临床治疗方案有效性，形成中医药特色治疗方案。形成适合国情的降低"三病两率"综合防治新模式，为把艾滋病控制在低流行水平、乙肝由高流行区向中低流行区转变、肺结核新发感染率和病死率降至中等发达国家水平提供支撑。

大型飞机。C919完成首飞，取得中国民航局型号合格证并实现交付，开展民机适航审定关键技术研究。

高分辨率对地观测系统。完成天基和航空观测系统、地面系统、应用系统建设，基本建成陆地、大气、海洋对地观测系统并形成体系。

载人航天与探月工程。发射新型大推力运载火箭，发射天宫二号空间实验室、空间站试验核心舱，以及载人飞船和货运飞船；掌握货物运输、航天员中长期驻留等技术，为全面建成我国近地载人空间站奠定基础。突破全月球到达、高数据率通信、高精度导航定位、月球资源开发等关键技术。突破地外天体自动返回技术，研制发射月球采样返回器技术，实现特定区域软着陆并实现采样返回。

二、部署启动新的重大科技项目

面向2030年，再选择一批体现国家战略意图的重大科技项目，力争有所突破。从更长远的战略需求出发，坚持有所为、有所不为，力争在航空发动机及燃气轮机、深海空间站、量子通信与量子计算、脑科学与类脑研究、国家网络空间安全、深空探测及空间飞行器在轨服务与维护系统、种业自主创新、煤炭清洁高效利用、智能电网、天地一体化信息网络、大数据、智能制造和机器人、重点新材料研发及应用、京津冀环境综合治理、健康保障等重点方向率先突破。按照"成熟一项、启动一项"的原则，分批次有序启动实施。

专栏3　科技创新2030—重大项目

重大科技项目：

1. 航空发动机及燃气轮机。开展材料、制造工艺、试验测试等共性基础技术和交叉学科研究，攻克总体设计等关键技术。

2. 深海空间站。开展深海探测与作业前沿共性技术及通用与专用型、移动与固定式深海空间站核心关键技术研究。

3. 量子通信与量子计算机。研发城域、城际、自由空间量子通信技术，研制通用量子计算原型机和实用化量子模拟机。

4. 脑科学与类脑研究。以脑认知原理为主体，以类脑计算与脑机智能、脑重大疾病诊治为两翼，搭建关键技术平台，抢占脑科学前沿研究制高点。

5. 国家网络空间安全。发展涵盖信息和网络两个层面的网络空间安全技术体系，提升信息保护、网络防御等技术能力。

6. 深空探测及空间飞行器在轨服务与维护系统。重点突破在轨服务维护技术，提高我国空间资产使用效益，保障飞行器在轨安全可靠运行。

重大工程：

1. 种业自主创新。以农业植物、动物、林木、微生物四大种业领域为重点，重点突破杂种优势利用、分子设计育种等现代种业关键技术，为国家粮食安全战略提供支撑。

2. 煤炭清洁高效利用。加快煤炭绿色开发、煤炭高效发电、煤炭清洁转化、煤炭污染控制、碳捕集利用与封存等核心关键技术研发，示范推广一批先进适用技术，燃煤发电及超低排放技术实现整体领先，现代煤化工和多联产技术实现重大突破。

3. 智能电网。聚焦部署大规模可再生能源并网调控、大电网柔性互联、多元用户供需互动用电、智能电网基础支撑技术等重点任务，实现智能电网技术装备与系统全面国产化，提升电力装备全球市场占有率。

4. 天地一体化信息网络。推进天基信息网、未来互联网、移动通信网的全面融合，形成覆盖全球的天地一体化信息网络。

5. 大数据。突破大数据共性关键技术，建成全国范围内数据开放共享的标准体系和交换平台，形成面向典型应用的共识性应用模式和技术方案，形成具有全球竞争优势的大数据产业集群。

续表

> 6. 智能制造和机器人。以智能、高效、协同、绿色、安全发展为总目标，构建网络协同制造平台，研发智能机器人、高端成套装备、三维（3D）打印等装备，夯实制造基础保障能力。
>
> 7. 重点新材料研发及应用。重点研制碳纤维及其复合材料、高温合金、先进半导体材料、新型显示及其材料、高端装备用特种合金、稀土新材料、军用新材料等，突破制备、评价、应用等核心关键技术。
>
> 8. 京津冀环境综合治理。构建水—土—气协同治理、工—农—城资源协同循环、区域环境协同管控的核心技术、产业装备、规范政策体系。建成一批综合示范工程，形成区域环境综合治理系统解决方案。
>
> 9. 健康保障。围绕健康中国建设需求，加强精准医学等技术研发，部署慢性非传染性疾病、常见多发病等疾病防控，生殖健康及出生缺陷防控研究，加快技术成果转移转化，推进惠民示范服务。
>
> 建立重大项目动态调整机制，综合把握国际科技前沿趋势和国家经济社会发展紧迫需求，在地球深部探测、人工智能等方面遴选重大任务，适时充实完善重大项目布局。

科技创新2030—重大项目与国家科技重大专项，形成远近结合、梯次接续的系统布局。在电子信息领域，形成涵盖高端芯片及核心软硬件研制、前沿技术突破和信息能力构建的整体布局；在先进制造领域，形成涵盖基础材料、关键技术、重大战略产品和装备研发的整体布局；在能源领域，形成涵盖能源多元供给、高效清洁利用和前沿技术突破的整体布局；在环境领域，形成由单一污染治理转向区域综合治理的系统技术解决方案；在农业领域，形成兼顾前沿技术突破和解决种业发展基本问题的整体布局；在生物和健康领域，形成涵盖重大疾病防治、基础健康保障服务和前沿医疗技术突破的整体布局；在太空海洋开发利用领域，形成涵盖空间、海洋探测利用技术的整体布局。

已有国家科技重大专项和新部署的科技创新2030—重大项目要进一步加强与其他科技计划任务部署的衔接，完善和创新项目组织实施模式，改进项目管理体制，明确管理责任，优化管理流程，提高管理效率。完善监督评估制度，定期开展评估。加强动态调整，加强地球深部探测等候选重大科技项目的储备论证。

第五章　构建具有国际竞争力的现代产业技术体系

把握世界科技革命和产业变革新趋势，围绕我国产业国际竞争力提升的紧迫需求，强化重点领域关键环节的重大技术开发，突破产业转型升级和新兴产业培育的技术瓶颈，构建结构合理、先进管用、开放兼容、自主可控的技术体系，为我国产业迈向全球价值链中高端提供有力支撑。

一、发展高效安全生态的现代农业技术

以加快推进农业现代化、保障国家粮食安全和农民增收为目标，深入实施藏粮于地、藏粮于技战略，超前部署农业前沿和共性关键技术研究。以做大做强民族种业为重点，发展以动植物组学为基础的设计育种关键技术，培育具有自主知识产权的优良品种，开发耕地质量提升与土地综合整治技术，从源头上保障国家粮食安全；以发展农业高新技术产业、支撑农业转型升级为目标，重点发展农业生物制造、农业智能生产、智能农机装备、设施农业等关键技术和产品；围绕提高资源利用率、土地产出率、劳动生产率，加快转变农业发展方式，突破一批节水农业、循环农业、农业污染控制与修复、盐碱地改造、农林防灾减灾等关键技术，实现农业绿色发展。力争到2020年，建立信息化主导、生物技术引领、智能化生产、可持续发展的现代农业技术体系，支撑农业走出产出高效、产品安全、资源节约、环境友好的现代化道路。

专栏 4　现代农业技术

---

1. 生物育种研发。以农作物、畜禽水产和林果花草为重点，突破种质资源挖掘、工程化育种、新品种创制、规模化测试、良种繁育、种子加工等核心关键技术，培育一批有效聚合高产、高效、优质、多抗、广适等多元优良性状的突破性动植物新品种；培育具有较强核心竞争力的现代种业企业，显著提高种业自主创新能力。

2. 粮食丰产增效。围绕粮食安全和农业结构调整对作物高产高效协同、生产生态协调的科技需求，在东北、黄淮海、长江中下游三大平原，开展水稻、小麦、玉米三大作物丰产增效新理论、新技术和集成示范研究，使产量提高5%，减损降低5%以上，肥水效率提高10%以上，光温资源效率提高15%，生产效率提高20%。

3. 主要经济作物优质高产与产业提质增效。以种植规模较大的果树、花卉、茶叶、木本（草本）油料、热带经济作物、特色经济植物、杂粮等为对象，重点突破增产提质增效理论和方法，创制优异新种质，研发新产品，形成高效轻简技术，确保我国农业产品多样性和国家农业安全，促进主要经济作物产业提质增效。

4. 海洋农业（蓝色粮仓）与淡水渔业科技创新。研究种质资源开发、新品种选育、淡水与海水健康养殖、捕捞与新资源开发、精深加工、渔业环境保护等新原理、新装备、新方法和新技术，建成生态优先、陆海统筹、三产贯通的区域性蓝色粮仓，促进海洋农业资源综合利用，改善渔业生态环境，强化优质蛋白供给，引领海洋农业与淡水渔业健康发展。

5. 畜禽安全高效养殖与草牧业健康发展。以安全、环保、高效为目标，围绕主要动物疫病检测与防控、主要畜禽安全健康养殖工艺与环境控制、畜禽养殖设施设备、养殖废弃物无害化处理与资源化利用、饲料产业、草食畜牧业、草原生态保护和草牧业全产业链提质增效等方面开展技术研发，为我国养殖业转型升级提供理论与技术支撑。

续表

6. 林业资源培育与高效利用。加强速生用材林、珍贵用材林、经济林、花卉等资源的高效培育与绿色增值加工等关键技术研究，开展林业全产业链增值增效技术集成与示范，形成产业集群发展新模式，单位蓄积增加15%，资源利用效率提高20%，主要林产品国际竞争力显著提升。

7. 农业面源和重金属污染农田综合防治与修复。突破农林生态系统氮磷、有毒有害化学品与生物、重金属、农林有机废弃物等污染机理基础理论及防治修复重大关键技术瓶颈，提升技术、产品和装备标准化产业化水平。制定重点区域污染综合防治技术方案，有效遏制农业面源与重金属污染问题。

8. 农林资源环境可持续发展利用。突破肥药减施、水土资源高效利用、生态修复、农林防灾减灾等关键技术，加强农作物病虫害防控关键技术研究，提升农作物病虫害综合治理能力，推动形成资源利用高效、生态系统稳定、产地环境良好、产品质量安全的农业发展格局。

9. 盐碱地等低产田改良增粮增效。加强盐碱地水盐运移机理与调控、土壤洗盐排盐、微咸水利用、抗盐碱农作物新品种选育及替代种植、水分调控等基础理论及改良重大关键技术研究，开发新型高效盐碱地改良剂、生物有机肥等新产品和新材料。开发盐碱地治理新装备，选择典型盐碱地及低产田区域建立示范基地，促进研发成果示范应用。

10. 农业生物制造。以生物农药、生物肥料、生物饲料为重点，开展作用机理、靶标设计、合成生物学、病原作用机制、养分控制释放机制等研究，创制新型基因工程疫苗和分子诊断技术、生物农药、生物饲料、生物肥料、植物生长调节剂、生物能源、生物基材料等农业生物制品并实现产业化。

11. 农机装备与设施。突破决策监控、先进作业装置及其制造等关键核心技术，研发高效环保农林动力、多功能与定位变量作业、设施种植和健康养殖精细生产、农产品产地处理与干燥、林木培育、采收加工、森林灾害防控等技术与装备，形成农林智能化装备技术体系，支撑全程全面机械化发展。

12. 农林生物质高效利用。研究农林废弃物（农作物秸秆、畜禽粪便、林业剩余物等）和新型生物质资源（能源植物、微藻等）的清洁收储、高效转化、产品提质、产业增效等新理论、新技术和新业态，使农林生物质高效利用技术进入国际前列，利用率达到80%以上。

续表

> 13. 智慧农业。研发农林动植物生命信息获取与解析、表型特征识别与可视化表达、主要作业过程精准实施等关键技术和产品,构建大田和果园精准生产、设施农业智能化生产及规模化畜禽水产养殖信息化作业等现代化生产技术系统,建立面向农业生产、农民生活、农村管理以及乡村新兴产业发展的信息服务体系。
>
> 14. 智能高效设施农业。突破设施光热动力学机制、环境与生物互作响应机理等基础理论,以及设施轻简装配化、作业全程机械化、环境调控智能化、水肥管理一体化等关键技术瓶颈,创制温室节能蓄能、光伏利用、智慧空中农场等高新技术及装备,实现设施农业科技与产业跨越发展。

二、发展新一代信息技术

大力发展泛在融合、绿色宽带、安全智能的新一代信息技术,研发新一代互联网技术,保障网络空间安全,促进信息技术向各行业广泛渗透与深度融合。发展先进计算技术,重点加强 E 级(百亿亿次级)计算、云计算、量子计算、人本计算、异构计算、智能计算、机器学习等技术研发及应用;发展网络与通信技术,重点加强一体化融合网络、软件定义网络/网络功能虚拟化、超高速超大容量超长距离光通信、无线移动通信、太赫兹通信、可见光通信等技术研发及应用;发展自然人机交互技术,重点是智能感知与认知、虚实融合与自然交互、语义理解和智慧决策、云端融合交互和可穿戴等技术研发及应用。发展微电子和光电子技术,重点加强极低功耗芯片、新型传感器、第三代半导体芯片和硅基光电子、混合光电子、微波光电子等技术与器件的研发。

专栏5　新一代信息技术

1. 微纳电子与系统集成技术。开展逼近器件物理极限和面向不同系统应用的半导体新材料、新器件、新工艺和新电路的前沿研究和相关理论研究，突破极低功耗器件和电路、7纳米以下新器件及系统集成工艺、下一代非易失性存储器、下一代射频芯片、硅基太赫兹技术、新原理计算芯片等关键技术，加快10纳米及以下器件工艺的生产研发，显著提升智能终端和物联网系统芯片产品市场占有率。

2. 光电子器件及集成。针对信息技术在速率、能耗和智能化等方面的核心技术瓶颈，研制满足高速光通信设备所需的光电子集成器件；突破光电子器件制造的标准化难题和技术瓶颈，建立和发展光电子器件应用示范平台和支撑技术体系，逐步形成从分析模型、优化设计、芯片制备、测试封装到可靠性研究的体系化研发平台，推动我国信息光电子器件技术和集成电路设计达到国际先进水平。

3. 高性能计算。突破E级计算机核心技术，依托自主可控技术，研制满足应用需求的E级高性能计算机系统，使我国高性能计算机的性能在"十三五"期间保持世界领先水平。研发一批关键领域/行业的高性能计算应用软件，建立若干高性能计算应用软件中心，构建高性能计算应用生态环境。建立具有世界一流资源能力和服务水平的国家高性能计算环境，促进我国计算服务业发展。

4. 云计算。开展云计算核心基础软件、软件定义的云系统管理平台、新一代虚拟化等云计算核心技术和设备的研制以及云开源社区的建设，构建完备的云计算生态和技术体系，支撑云计算成为新一代ICT（信息通信技术）的基础设施，推动云计算与大数据、移动互联网深度耦合互动发展。

5. 人工智能。重点发展大数据驱动的类人智能技术方法；突破以人为中心的人机物融合理论方法和关键技术，研制相关设备、工具和平台；在基于大数据分析的类人智能方向取得重要突破，实现类人视觉、类人听觉、类人语言和类人思维，支撑智能产业的发展。

6. 宽带通信和新型网络。以网络融合化发展为主线，突破一体化融合网络组网、超高速和超宽带通信与网络支撑等核心关键技术，在芯片、成套网络设备、网络体系结构等方面取得一批突破性成果，超前部署下一代网络技术，大幅提升网络产业国际竞争力。

续表

7. 物联网。开展物联网系统架构、信息物理系统感知和控制等基础理论研究，攻克智能硬件（硬件嵌入式智能）、物联网低功耗可信泛在接入等关键技术，构建物联网共性技术创新基础支撑平台，实现智能感知芯片、软件以及终端的产品化。

8. 智能交互。探索感知认知加工机制及心理运动模型的机器实现，构建智能交互的理论体系，突破自然交互、生理计算、情感表达等核心关键技术，形成智能交互的共性基础软硬件平台，提升智能交互在设备和系统方面的原始创新能力，并在教育、办公、医疗等关键行业形成示范应用，推动人机交互领域研究和应用达到国际先进水平。

9. 虚拟现实与增强现实。突破虚实融合渲染、真三维呈现、实时定位注册、适人性虚拟现实技术等一批关键技术，形成高性能真三维显示器、智能眼镜、动作捕捉和分析系统、个性化虚拟现实整套装置等具有自主知识产权的核心设备。基本形成虚拟现实与增强现实技术在显示、交互、内容、接口等方面的规范标准。在工业、医疗、文化、娱乐等行业实现专业化和大众化的示范应用，培育虚拟现实与增强现实产业。

10. 智慧城市。开展城市计算智能、城市系统模型、群体协同服务等基础理论研究，突破城市多尺度立体感知、跨领域数据汇聚与管控、时空数据融合的智能决策、城市数据活化服务、城市系统安全保障等共性关键技术，研发智慧城市公共服务一体化运营平台，开展新型智慧城市群的集中应用创新示范。

三、发展智能绿色服务制造技术

围绕建设制造强国，大力推进制造业向智能化、绿色化、服务化方向发展。发展网络协同制造技术，重点研究基于"互联网+"的创新设计、基于物联网的智能工厂、制造资源集成管控、全生命周期制造服务等关键技术；发展绿色制造技术与产品，重点研究再设计、再制造与再资源化等关键技术，推动制造业生产模式和产业形态创新。发展机器人、智能感知、智能控制、微纳制造、复杂制造系统等关键技术，开发重大智能成套装备、光电子制造装备、智能机器人、增材制造、激光制造等关键装备与工艺,推进制造业智能化发展。开展设计技术、可靠性技术、制造工艺、关键基础件、工业传感器、智能仪器仪表、基础数据库、工业试验平台等制造基础共性技术研发,提升制造基础能力。推动制造业信息化服务增效,加强制造装备及产品"数控一代"创新应用示范,提高制造业信息化和自动化水平,支撑传统制造业转型升级。

专栏6　先进制造技术

1. 网络协同制造。开展工业信息物理融合理论与系统、工业大数据等前沿技术研究,突破智慧数据空间、智能工厂异构集成等关键技术,发展"互联网+"制造业的新型研发设计、智能工程、云服务、个性化定制等新型模式,培育一批智慧企业,开展典型示范应用。

2. 绿色制造。发展绿色化设计技术、基础加工工艺技术、机电产品开发技术、再制造与再资源化技术等,构建基于产品全生命周期的绿色制造技术体系,开展绿色制造技术和装备的推广应用和产业示范。

3. 智能装备与先进工艺。开展非传统制造工艺与流程、重大装备可靠性与智能化水平等关键技术研究,研制一批代表性智能加工装备、先进工艺装备和重大智能成套装备,引领装备的智能化升级。

4. 光电子制造关键装备。开展新型光通信器件、半导体照明、高效光伏电池、MEMS(微机电系统)传感器、柔性显示、新型功率器件、下一代半导体材料制备等新兴产业关键制造装备研发,提升新兴领域核心装备自主研发能力。

5. 智能机器人。开展下一代机器人技术、智能机器人学习与认知、人机自然交互与协作共融等前沿技术研究,攻克核心部件关键技术,工业机器人实现产业化,服务机器人实现产品化,特种机器人实现批量化应用。

6. 增材制造。开展高性能金属结构件激光增材制造控形控性等基础理论研究,攻克高效高精度激光增材制造熔覆喷头等核心部件,研发金属、非金属及生物打印典型工艺装备,构建相对完善的增材制造技术创新与研发体系。

续表

> 7. 激光制造。开展超快脉冲、超大功率激光制造等理论研究,突破激光制造关键技术,研发高可靠长寿命激光器核心功能部件、国产先进激光器以及高端激光制造工艺装备,开发先进激光制造应用技术和装备。
>
> 8. 制造基础技术与关键部件。研究关键基础件、基础工艺等基础前沿技术,建立健全基础数据库,完善技术标准体系和工业试验验证平台,研制一批高端产品,提高重点领域和重大成套装备配套能力。
>
> 9. 工业传感器。开展工业传感器核心器件、智能仪器仪表、传感器集成应用等技术攻关,加强工业传感器技术在智能制造体系建设中的应用,提升工业传感器产业技术创新能力。

四、发展新材料技术

围绕重点基础产业、战略性新兴产业和国防建设对新材料的重大需求,加快新材料技术突破和应用。发展先进结构材料技术,重点是高温合金、高品质特殊钢、先进轻合金、特种工程塑料、高性能纤维及复合材料、特种玻璃与陶瓷等技术及应用。发展先进功能材料技术,重点是第三代半导体材料、纳米材料、新能源材料、印刷显示与激光显示材料、智能/仿生/超材料、高温超导材料、稀土新材料、膜分离材料、新型生物医用材料、生态环境材料等技术及应用。发展变革性的材料研发与绿色制造新技术,重点是材料基因工程关键技术与支撑平台,短流程、近终形、高能效、低排放为特征的材料绿色制造技术及工程应用。

专栏7 新材料技术

> 1. 重点基础材料。着力解决基础材料产品同质化、低值化、环境负荷重、能源效率低、资源瓶颈制约等重大共性问题,突破基础材料的设计开发、制造流程、工艺优化及智能化绿色化改造等关键技术和国产化装备,开展先进生产示范。

续表

2. 先进电子材料。以第三代半导体材料与半导体照明、新型显示为核心，以大功率激光材料与器件、高端光电子与微电子材料为重点，推动跨界技术整合，抢占先进电子材料技术的制高点。

3. 材料基因工程。构建高通量计算、高通量实验和专用数据库三大平台，研发多层次跨尺度设计、高通量制备、高通量表征与服役评价、材料大数据四大关键技术，实现新材料研发由传统的"经验指导实验"模式向"理论预测、实验验证"新模式转变，在五类典型新材料的应用示范上取得突破，实现新材料研发周期缩短一半、研发成本降低一半的目标。

4. 纳米材料与器件。研发新型纳米功能材料、纳米光电器件及集成系统、纳米生物医用材料、纳米药物、纳米能源材料与器件、纳米环境材料、纳米安全与检测技术等，突破纳米材料宏量制备及器件加工的关键技术与标准，加强示范应用。

5. 先进结构材料。以高性能纤维及复合材料、高温合金为核心，以轻质高强材料、金属基和陶瓷基复合材料、材料表面工程、3D打印材料为重点，解决材料设计与结构调控的重大科学问题，突破结构与复合材料制备及应用的关键共性技术，提升先进结构材料的保障能力和国际竞争力。

6. 先进功能材料。以稀土功能材料、先进能源材料、高性能膜材料、功能陶瓷、特种玻璃等战略新材料为重点，大力提升功能材料在重大工程中的保障能力；以石墨烯、高端碳纤维为代表的先进碳材料、超导材料、智能/仿生/超材料、极端环境材料等前沿新材料为突破口，抢占材料前沿制高点。

五、发展清洁高效能源技术

大力发展清洁低碳、安全高效的现代能源技术，支撑能源结构优化调整和温室气体减排，保障能源安全，推进能源革命。发展煤炭清洁高效利用和新型节能技术，重点加强煤炭高效发电、煤炭清洁转化、燃煤二氧化碳捕集利用封存、余热余压深度回收利用、浅层低温地能开发利用、新型节能电机、城镇节能系统化集成、工业过程节能、能源梯级利用、"互联网+"节能、大型数据中心节能等技术研发及应用。发展可再生能源大规模开发利用技术，重点加强高效低成本太阳能电池、光热发电、太阳能供热制冷、大型先进风电机组、海上风电建设与运维、生物质发电供气供热及液体燃料等技术研发及应用。发展智能电网技术，重点加强特高压输电、柔性输电、大规模可再生能源并网与消纳、电网与用户互动、分布式能源以及能源互联网和大容量储能、能源微网等技术研发及应用。稳步发展核能与核安全技术及其应用，重点是核电站安全运行、大型先进压水堆、超高温气冷堆、先进快堆、小型核反应堆和后处理等技术研发及应用。实施"科技冬奥"行动计划，为奥运专区及周边提供零碳/低碳、经济智慧的能源解决方案。

专栏8 清洁高效能源技术

1. 煤炭安全清洁高效开发利用与新型节能。突破燃煤发电技术，实现火电厂平均供电煤耗每千瓦时305克标煤，煤制清洁燃气关键技术和装备的国产化水平达到90%以上。突破煤炭污染控制技术，常规污染物在现有水平上减排50%。开展燃烧后二氧化碳捕集实现百万吨/年的规模化示范。

2. 可再生能源与氢能技术。开展太阳能光伏、太阳能热利用、风能、生物质能、地热能、海洋能、氢能、可再生能源综合利用等技术方向的系统、部件、装备、材料和平台的研究。

3. 核安全和先进核能。开展先进核燃料、乏燃料后处理、放射性废物处理、严重事故、风险管理、数值反应堆、电站老化与延寿、超高温气冷堆、先进快堆、超临界水冷堆、新型模块化小堆等研究。

4. 智能电网。研制±1100千伏直流和柔性直流输电成套装备，建成±1100千伏特高压直流输电示范工程。实现2.5亿千瓦风电、1.5亿千瓦光伏的并网消纳，建成百万用户级供需互动用电系统等。

5. 建筑节能。突破超低能耗建筑技术标准和建筑能耗评价体系，研究节能集成技术、高效冷却技术等基础性技术，研发主动式/被动式多能源协调高效利用系统、新型采光与高效照明等应用关键技术，降低能源消耗。

六、发展现代交通技术与装备

面向建设"安全交通、高效交通、绿色交通、和谐交通"重大需求，大力发展新能源、高效能、高安全的系统技术与装备，完善我国现代交通运输核心技术体系，培育新能源汽车、高端轨道交通、民用航空等新兴产业。重点发展电动汽车智能化、网联化、轻量化技术及自动驾驶技术，发展具有国际竞争力的高速列车、高中速磁浮、快捷货运技术与装备，发展轨道交通的安全保障、智能化、绿色化技术，研发运输管理前沿技术，提升交通运输业可持续发展能力和"走出去"战略支撑能力。

专栏9　现代交通技术与装备

1. 新能源汽车。实施"纯电驱动"技术转型战略，根据"三纵三横"研发体系，突破电池与电池管理、电机驱动与电力电子、电动汽车智能化技术、燃料电池动力系统、插电/增程式混合动力系统、纯电动力系统的基础前沿和核心关键技术，完善新能源汽车能耗与安全性相关标准体系，形成完善的电动汽车动力系统技术体系和产业链，实现各类电动汽车产业化。

2. 轨道交通。在轨道交通系统安全保障、综合效能提升、可持续性和互操作等方向，形成以新架构、新材料、新能源和跨国互联互通为特征的核心技术、关键装备、集成应用与标准规范。加强高速列车、高速磁浮、中速磁浮、联合运输、快捷货运、高速货运等方面的关键技术与装备研发，满足泛欧亚铁路互联互通要求，实现轨道交通系统全生命周期运营成本、运营安全水平、单位周转量能耗水平国际领先。

3. 海洋运输。突破绿色、智能船舶核心技术，形成船舶运维智能化技术体系，研制一批高技术、高性能船舶和高效通用配套产品，为提升我国造船、航运整体水平，培育绿色船舶、智能船舶等产业提供支撑。

续表

4. 航空运输技术与装备。开展未来民机产品概念方案（新构型、新能源、超声速）论证研究，突破气动声学与低噪声设计、先进航电、飞控技术、先进多电、飞发一体化设计等技术，为提高民机产品竞争力提供支撑。瞄准航空运输服务低空空域开放、通用航空发展、航空应急救援体系建立所需的技术基础，围绕安全、高效、绿色航空器和航空运输系统两条主线，掌握通航飞机、协同空管、机场运控技术等重点方向前沿核心技术。

5. 综合交通运输与智能交通。以提供高效、便捷、可持续交通为目标，突破交通信息精准感知与可靠交互、交通系统协同式互操作、泛在智能化交通服务等共性关键技术。重点解决综合交通信息服务、交通系统控制优化、城市交通控制功能提升与设计问题，促进交通运输业与相关产业的融合发展。

七、发展先进高效生物技术

瞄准世界科技前沿，抢抓生物技术与各领域融合发展的战略机遇，坚持超前部署和创新引领，以生物技术创新带动生命健康、生物制造、生物能源等创新发展，加快推进我国从生物技术大国到生物技术强国的转变。重点部署前沿共性生物技术、新型生物医药、绿色生物制造技术、先进生物医用材料、生物资源利用、生物安全保障、生命科学仪器设备研发等任务，加快合成生物技术、生物大数据、再生医学、3D生物打印等引领性技术的创新突破和应用发展，提高生物技术原创水平，力争在若干领域取得集成性突破，推动技术转化应用并服务于国家经济社会发展，大幅提高生物经济国际竞争力。

专栏10　先进高效生物技术

1. 前沿共性生物技术。加快推进基因组学新技术、合成生物技术、生物大数据、3D生物打印技术、脑科学与人工智能、基因编辑技术、结构生物学等生命科学前沿关键技术突破，加强生物产业发展及生命科学研究核心关键装备研发，提升我国生物技术前沿领域原创水平，抢占国际生物技术竞争制高点。

2. 新型生物医药技术。开展重大疫苗、抗体研制、免疫治疗、基因疗、细胞治疗、干细胞与再生医学、人体微生物组解析及调控等关键技术研究，研发一批创新医药生物制品，构建具有国际竞争力的医药生物技术产业体系。

3. 生物医用材料。以组织替代、功能修复、智能调控为方向，加快3D生物打印、材料表面生物功能化及改性、新一代生物材料检验评价方法等关键技术突破，重点布局可组织诱导生物医用材料、组织工程产品、新一代植介入医疗器械、人工器官等重大战略性产品，提升医用级基础原材料的标准，构建新一代生物医用材料产品创新链，提升生物医用材料产业竞争力。

4. 绿色生物制造技术。开展重大化工产品的生物制造、新型生物能源开发、有机废弃物及气态碳氧化物资源的生物转化、重污染行业生物过程替代等研究，突破原料转化利用、生物工艺效率、生物制造成本等关键技术瓶颈，拓展工业原材料新来源和开发绿色制造新工艺，形成生物技术引领的工业和能源经济绿色发展新路线。

5. 生物资源利用技术。聚焦战略生物资源的整合、挖掘与利用，推进人类遗传资源的系统整合与深度利用研究，构建国家战略生物资源库和信息服务平台，扩大资源储备，加强开发共享，掌握利用和开发的主动权，为生物产业可持续发展提供资源保障。

6. 生物安全保障技术。开展生物威胁风险评估、监测预警、检测溯源、预防控制、应急处置等生物安全相关技术研究，建立生物安全相关的信息和实体资源库，构建高度整合的国家生物安全防御体系。

八、发展现代食品制造技术

遵循现代食品制造业高科技、智能化、多梯度、全利用、低能耗、高效益、可持续的国际发展趋势,围绕标准化加工、智能化控制、健康型消费等重大产业需求,以现代加工制造为主线,加快高效分离、质构重组、物性修饰、生物制造、节能干燥、新型杀菌等工程化技术研发与应用;攻克连续化、自动化、数字化、工程化成套装备制造技术,突破食品产业发展的装备制约;重视食品质量安全,聚焦食品源头污染问题日益严重、过程安全控制能力薄弱、监管科技支撑能力不足等突出问题,重点开展监测检测、风险评估、溯源预警、过程控制、监管应急等食品安全防护关键技术研究;围绕发展保鲜物流,开展智能冷链物流、绿色防腐保鲜、新型包装控制、粮食现代储备、节粮减损等产业急需技术研发;以营养健康为目标,突破营养功能组分稳态化保持与靶向递送、营养靶向设计与健康食品精准制造、主食现代化等高新技术。力争到2020年,在营养优化、物性修饰、智能加工、低碳制造、冷链物流、全程控制等技术领域实现重大突破,形成较为完备的现代食品制造技术体系,支撑我国现代食品制造业转型升级和持续发展。

专栏11　现代食品制造技术

1. 加工制造。开展新型节能干燥、超微粉碎、冷冻冷藏、杀菌包装等共性技术研究,突破物性重构、风味修饰、质构重组、低温加工和生物制造等关键技术,攻克绿色加工、低碳制造和品质控制等核心技术,有效支撑食品加工产业技术升级。

2. 机械装备。开展食品装备的机械物性、数字化设计、信息感知、仿真优化等新方法、新原理研究,研发非热加工、新型杀菌、高效分离、自动包装等共性装备,节能挤压、高效干燥、连续焙烤、3D打印等关键装备,以及连续化、自动化、智能化和工程化成套加工装备,为食品装备升级换代提供支撑。

续表

3. 质量安全。开展食品品质评价与系统识别、危害因子靶向筛查与精准确证、多重风险分析与暴露评估、在线监测与快速检测、安全控制原理和工艺、监管和应急处置等共性技术研究，重点突破食品风险因子非定向筛查、快速检测核心试剂高效筛选、体外替代毒性测试、致病生物全基因溯源、全产业链追溯与控制、真伪识别等核心技术，加强食品安全防护关键技术研究，强化食品安全基础标准研究，加强基于互联网新兴业态的监管技术研究，构建全产业链质量安全技术体系。

4. 保鲜物流。开展物流过程中食品品质保持、损耗控制、货架期延长等共性技术研究，突破环境因子精准控制、品质劣变智能检测与控制、新型绿色包装等关键技术，加强粮食现代储备关键技术装备研发，开展粮食流通节粮减损关键技术研发和示范，掌握智能冷链物流、绿色防腐保鲜等核心技术，构建我国食品冷链物流新模式，推动食品保鲜物流产业跨越式发展。

5. 营养健康。开展食品营养品质调控、营养组学与抗慢性疾病机理研究，突破营养功能组分筛选、稳态化保持、功效评价等关键技术，掌握营养功能组分高效运载及靶向递送、营养代谢组学大数据挖掘等核心技术，以及基于改善肠道微生态的营养靶向设计与新型健康食品精准制造技术，加强主食营养健康机理与现代化关键技术研发，开发多样性和个性化营养健康食品，有力支撑全民营养健康水平提升。

九、发展支撑商业模式创新的现代服务技术

面向"互联网+"时代的平台经济、众包经济、创客经济、跨界经济、分享经济的发展需求，以新一代信息和网络技术为支撑，加强现代服务业技术基础设施建设，加强技术集成和商业模式创新，提高现代服务业创新发展水平。围绕生产性服务业共性需求，重点推进电子商务、现代物流、系统外包等发展，增强服务能力，提升服务效率，提高服务附加值。加强网络化、个性化、虚拟化条件下服务技术研发与集成应用，加强文化产业关键技术研发。大力开展服务模式创新，重点发展数字文化、数字医疗与健康、数字生活、教育与培训等新兴服务业。围绕企业技术创新需求，加快推进工业设计、文化创意和相关产业融合发展，提升我国重点产业的创新设计能力。

十、发展引领产业变革的颠覆性技术

加强产业变革趋势和重大技术的预警，加强对颠覆性技术替代传统产业拐点的预判，及时布局新兴产业前沿技术研发，在信息、制造、生物、新材料、能源等领域，特别是交叉融合的方向，加快部署一批具有重大影响、能够改变或部分改变科技、经济、社会、生态格局的颠覆性技术研究，在新一轮产业变革中赢得竞争优势。重点开发移动互联、量子信息、人工智能等技术，推动增材制造、智能机器人、无人驾驶汽车等技术的发展，重视基因编辑、干细胞、合成生物、再生医学等技术对生命科学、生物育种、工业生物领域的深刻影响，开发氢能、燃料电池等新一代能源技术，发挥纳米技术、智能技术、石墨烯等对新材料产业发展的引领作用。

第六章 健全支撑民生改善和可持续发展的技术体系

围绕改善民生和促进可持续发展的迫切需求，加大资源环境、人口健康、新型城镇化、公共安全等领域核心关键技术攻关和转化应用的力度，为形成绿色发展方式和生活方式，全面提升人民生活品质提供技术支撑。

一、发展生态环保技术

以提供重大环境问题系统性技术解决方案和发展环保高新技术产业体系为目标，形成源头控制、清洁生产、末端治理和生态环境修复的成套技术。加强大气污染形成机理、污染源追踪与解析关键技术研究，提高空气质量预报和污染预警技术水平；加强重要水体、水源地、源头区、水源涵养区等水质监测与预报预警技术体系建设；突破饮用水质健康风险控制、地下水污染防治、污废水资源化能源化与安全利用、垃圾处理及清洁焚烧发电、放射性废物处理处置等关键技术；开展土壤污染机制和风险评估等基础性研究，完善土壤环境监测与污染预警关键技术；加强环境基准研究；开展环境监测新技术和新方法研究，健全生态环境监测技术体系。提高生态环境监测立体化、自动化、智能化水平，推进陆海统筹、天地一体、上下协同、信息共享的生态环境监测网络建设。

突破生态评估、产品生态设计和实现生态安全的过程控制与绿色替代关键技术。开发环境健康风险评估与管理技术、高风险化学品的环境友好替代技术，开展重大工程生态评价与生态重建技术研究。在京津冀地区、长江经济带等重点区域开展环境污染防治技术应用试点示范，促进绿色技术转移转化，加强环保高新技术产业园区建设，推动形成区域环境治理协同创新共同体。开发生态环境大数据应用技术，建立智慧环保管理和技术支撑体系。力争实现生态环保技术的跨越发展，为我国环境污染控制、质量改善和环保产业竞争力提升提供科技支撑。

专栏12　生态环保技术

1. 大气污染防治。加强灰霾和臭氧形成机理、来源解析、迁移规律及监测预警研究，为污染治理提供科学支撑，加强大气污染与人群健康关系的研究，加强脱硫、脱硝、高效除尘、挥发性有机物控制、柴油机（车）排放净化、环境监测等技术研发，建设大气污染排放控制及空气质量技术体系，开展大气联防联控技术示范，支撑重点区域空气质量改善，保障国家重大活动环境质量。

续表

2. 土壤污染防治。针对农田土壤污染、工业用地污染、矿区土壤污染等治理，开展土壤环境基准、土壤环境容量与承载能力，污染物迁移转化规律、污染生态效应、重金属低积累作物和修复植物筛选，以及土壤污染与农产品质量、人体健康关系等方面研究。推进土壤污染诊断、风险管控、治理与修复等共性关键技术研发。

3. 水环境保护。加快研发废水深度处理、生活污水低成本高标准处理、海水淡化和工业高盐废水脱盐、饮用水微量有毒污染物处理、地下水污染修复、危险化学品事故和水上溢油应急处置等技术，开展有机物和重金属等水环境基准、水污染对人体健康影响、新型污染物风险评价、水环境损害评估、高品质再生水补充饮用水水源等研究。

4. 清洁生产。针对工农业污染排放和城市污染，研究钢铁、化工等生态设计、清洁生产、污染减量等技术，研究环境友好产品、清洁生产与循环经济技术政策及标准体系。

5. 生态保护与修复。围绕国家"两屏三带"生态安全屏障建设，以森林、草原、湿地、荒漠等生态系统为对象，研究关键区域主要生态问题演变规律、生态退化机理、生态稳定维持等理论，研究生态保护与修复、监测与预警技术；开发岩溶地区、青藏高原、长江黄河中上游、黄土高原、重要湿地、荒漠及荒漠化地区、三角洲与海岸带区、南方红壤丘陵区、塔里木流域盐碱地、农牧交错带和矿产开采区等典型生态脆弱区治理技术，研发应对城市开发建设区域造成的生态破碎化、物种栖息地退化治理技术，开发适宜的生态产业技术，支撑生态退化区域可持续发展，提升陆地生态系统服务能力。

6. 化学品环境风险防控。结合我国化学品产业结构特点及化学品安全需要，加强化学品危害识别、风险评估与管理、化学品火灾爆炸及污染事故预警与应急控制等技术研究，研发高风险化学品的环境友好替代、高放废物深地质处置、典型化学品生产过程安全保障等关键技术，构建符合我国国情的化学品整合测试策略技术框架，全面提升我国化学品环境和健康风险评估及防控技术水平。

7. 环保产业技术。推动环保技术研发、示范、推广，发展环保产业新业态、新模式、新机制，建设绿色技术标准体系，推广"城市矿产"、"环境医院"、"库布其治沙产业"等模式，加快先进环保技术产业化。

续表

8. 重大自然灾害监测预警与风险控制。针对地震、地质、气象、水利、海洋等重大环境自然灾害，加快天气中长期精细化数值预报、全球海洋数值预报、雾霾数值预报、地质灾害监测预警、洪涝与旱灾监测预警、地震监测预警、森林火灾监测预警与防控、沙尘暴监测预警等系统研究，提升重大自然灾害监测预警与风险评估能力。

9. 全球环境变化应对。突破温室气体排放控制、生物多样性保护、生物安全管理、化学品风险管理、臭氧层保护、荒漠化防治、湿地保护等技术瓶颈，解决污染物跨国境输送机制、国际履约谈判等中的科学问题，提升我国履行国际环境公约的能力。

二、发展资源高效循环利用技术

以保障资源安全供给和促进资源型行业绿色转型为目标，大力发展水资源、矿产资源的高效开发和节约利用技术。在水土资源综合利用、国土空间优化开发、煤炭资源绿色开发、天然气水合物探采、油气与非常规油气资源开发、金属资源清洁开发、盐湖与非金属资源综合利用、废物循环利用等方面，集中突破一批基础性理论与核心关键技术，重点研发一批重大关键装备，构建资源勘探、开发与综合利用理论及技术体系，解决我国资源可持续发展保障、产业转型升级面临的突出问题；建立若干具有国际先进水平的基础理论研究与技术研发平台、工程转化与技术转移平台、工程示范与产业化基地，逐步形成与我国经济社会发展水平相适应的资源高效利用技术体系，为建立资源节约型环境友好型社会提供强有力的科技支撑。

专栏13 资源高效循环利用技术

1. 水资源高效开发利用。围绕提升国家水资源安全保障科技支撑能力，发展工业节水、综合节水和非常规水资源开发利用技术与设备，研究水资源综合配置战略、水工程建设与运行、安全和应急管理技术，发展水沙联合调控、河口治理及河湖生态安全保护技术，开展水资源系统智能调度与精细化管理等研究，构建水资源综合利用理论技术体系和示范推广平台，跻身国际水资源研究先进行列。

2. 煤炭资源绿色开发。围绕"安全、绿色、智能"目标，开展煤炭绿色资源勘探、大型矿井快速建井、安全绿色开采、煤机装备智能化、低品质煤提质、煤系伴生资源协同开发、矿区全物质循环规划与碳排放控制等理论与技术攻关，推动生态矿山、智慧矿山以及煤炭清洁加工与综合利用重大科技示范工程建设，促进煤炭集约化开发，为煤炭产业转变发展方式、提质增效提供强大的科技支撑。

3. 油气与非常规油气资源开发。围绕国家能源安全需求，针对复杂环境、低品位、老油田挖潜和深层油气资源四大领域，通过钻井、采油、储运等关键技术与装备攻关，研发一批具有自主知识产权的重大高端装备、工具、软件、材料和成套技术，为油气资源高效勘探开发和清洁利用提供技术支撑。

4. 金属和非金属资源清洁开发与利用。研究复杂矿清洁选冶、"三废"综合利用等金属矿产资源高效开发技术，研究稀有金属、稀土元素及稀散元素构成的矿产资源保护性开发技术，研究放射性资源高效提取、盐湖资源综合利用、非金属资源高值化等重要战略资源保护开发技术，解决金属矿产资源选冶过程中环境污染严重、物耗高、资源综合利用率低等问题。

5. 废物循环利用。研究资源循环基础理论与模型，研发废物分类、处置及资源化成套技术装备，重点推进大宗固废源头减量与循环利用、生物质废弃物高效利用、新兴城市矿产精细化高值利用等关键技术与装备研发，加强固废循环利用管理与决策技术研究。加强典型区域循环发展集成示范，实施"十城百座"废物处置技术示范工程。

三、发展人口健康技术

紧密围绕健康中国建设需求，突出解决重大慢病防控、人口老龄化应对等影响国计民生的重大问题，以提升全民健康水平为目标，系统加强生物数据、临床信息、样本资源的整合，统筹推进国家临床医学研究中心和疾病协同研究网络建设，促进医研企结合开展创新性和集成性研究，加快推动医学科技发展。重点部署疾病防控、精准医学、生殖健康、康复养老、药品质量安全、创新药物开发、医疗器械国产化、中医药现代化等任务，加快慢病筛查、智慧医疗、主动健康等关键技术突破，加强疾病防治技术普及推广和临床新技术新产品转化应用，建立并完善临床医学技术标准体系。力争到2020年，形成医养康护一体化、连续性的健康保障体系，为提高医疗服务供给质量、加快健康产业发展、助推医改和健康中国建设提供坚实的科技支撑。

专栏14 人口健康技术

1. 重大疾病防控。聚焦心脑血管疾病、恶性肿瘤、代谢性疾病、呼吸系统疾病、精神神经系统疾病等重大慢病，消化、口腔、眼耳鼻喉等常见多发病，包虫、疟疾、血吸虫病等寄生虫病等，以及伤害预防与救治技术等，加强基础研究、临床转化、循证评价、示范应用一体化布局，突破一批防治关键技术，开发一批新型诊疗方案，推广一批适宜技术，有效解决临床实际问题和提升基层服务水平。

2. 精准医学关键技术。把握生物技术和信息技术融合发展机遇，建立百万健康人群和重点疾病病人的前瞻队列，建立多层次精准医疗知识库体系和国家生物医学大数据共享平台，重点攻克新一代基因测序技术、组学研究和大数据融合分析技术等精准医疗核心关键技术，开发一批重大疾病早期筛查、分子分型、个体化治疗、疗效预测及监控等精准化应用解决方案和决策支持系统，推动医学诊疗模式变革。

3. 生殖健康及出生缺陷防控。解决我国出生缺陷防控、不孕不育和避孕节育等方面的突出问题，建立覆盖全国的育龄人口和出生人口队列，建立国家级生物信息和样本资源库，研发一批基层适宜技术和创新产品，全面提升出生缺陷防控科技水平，保障育龄人口生殖健康，提高出生人口素质。

续表

4. 数字诊疗装备。以早期、精准、微创诊疗为方向，重点推进多模态分子成像、新型磁共振成像系统、新型X射线计算机断层成像、新一代超声成像、低剂量X射线成像、复合窥镜成像、新型显微成像、大型放射治疗装备、手术机器人、医用有源植入式装置等产品研发，加快推进数字诊疗装备国产化、高端化、品牌化。

5. 体外诊断产品。突破微流控芯片、单分子检测、自动化核酸检测等关键技术，开发全自动核酸检测系统、高通量液相悬浮芯片、医用生物质谱仪、快速病理诊断系统等重大产品，研发一批重大疾病早期诊断和精确治疗诊断试剂以及适合基层医疗机构的高精度诊断产品，提升我国体外诊断产业竞争力。

6. 健康促进关键技术。以定量监测、精准干预为方向，围绕健康状态辨识、健康风险预警、健康自主干预等环节，重点攻克无创检测、穿戴式监测、生物传感、健康物联网、健康危险因素干预等关键技术和产品，加强国民体质监测网络建设，构建健康大数据云平台，研发数字化、个性化的行为/心理干预、能量/营养平衡、功能代偿/增进等健康管理解决方案，加快主动健康关键技术突破和健康闭环管理服务研究。

7. 健康服务技术。推动信息技术与医疗健康服务融合创新，突破网络协同、分布式支持系统等关键技术，制定并完善隐私保护和信息安全标准及技术规范，建立基于信息共享、知识集成、多学科协同的集成式、连续性疾病诊疗和健康管理服务模式，推进"互联网+"健康医疗科技示范行动，实现优化资源配置、改善就医模式和强化健康促进的目标。

8. 药品质量安全。瞄准临床用药需求，完善化学仿制药一致性评价技术体系，开展高风险品种、儿童用药、辅助用药的质量和疗效评价，以及药品不良反应监测和评估、药品质量控制等研究，提高我国居民的用药保障水平，提升药品安全风险防控能力。

9. 养老助残技术。以智能服务、功能康复、个性化适配为方向，突破人机交互、神经—机器接口、多信息融合与智能控制等关键技术，开发功能代偿、生活辅助、康复训练等康复辅具产品，建立和完善人体心理、生理等方面功能的综合评估监测指标体系和预警方法，建立和完善促进老龄健康的干预节点和适宜技术措施，建立和完善养老服务技术标准体系和解决方案。

续表

> 10. 中医药现代化。加强中医原创理论创新及中医药的现代传承研究，加快中医四诊客观化、中医药治未病、中药材生态种植、中药复方精准用药等关键技术突破，制定一批中医药防治重大疾病和疑难疾病的临床方案，开发一批中医药健康产品，提升中医药国际科技合作层次，加快中医药服务现代化和大健康产业发展。

四、发展新型城镇化技术

围绕新型城镇化领域的瓶颈制约，针对绿色、智慧、创新、人文、紧凑型城市建设，以系统工程理念为出发点，尊重城市发展规律，创新和改进规划方法，把生态环境承载力、历史文脉传承、绿色低碳等理念融入规划设计全过程，通过科技创新统筹引领城市规划、建设、管理等各个环节，研发系统性技术解决方案。加强城镇区域发展动态监测、城镇布局和形态功能优化、城镇基础设施功能提升、城镇用地节约集约和低效用地再开发、城市地下综合管廊、地下空间合理布局与节约利用、城市信息化与智慧城市等关键技术研发，加强绿色生态基础设施和海绵城市建设技术研发，着力恢复城市自然生态；加强建筑节能、室内外环境质量改善、绿色建筑及装配式建筑等的规划设计、建造、运维一体化技术和标准体系研究，发展近零能耗和既有建筑改造技术体系，推进和提升节地、节能、节水、节材和环保技术在城市建设中的应用推广；加强文化遗产保护传承和公共文化、体育健身等公共服务关键技术研究，培育教育、文化、体育、旅游等城市创新发展新业态，推动历史文脉延续和人文城市建设。力争到2020年形成较为完备的新型城镇化建设和发展理论体系、共性关键技术和标准规范体系，推动城镇可持续人居环境建设和公共服务功能提升，有力保障中国特色新型城镇化建设。

> **专栏 15　新型城镇化技术**
>
> 　　1. 城镇功能提升和协调发展。开展城镇空间规划、基础设施建设和功能提升、城镇用地节约集约和低效用地再开发等关键技术研发及示范，形成城镇规划建设管理和基础设施功能提升的技术体系与装备，突破城市地下综合管廊建设关键技术及装备、支撑城市地下基础设施管网建设的地质勘测技术、城市生态修复和有机更新技术、市政管线建设—探测—维护—修复和运行技术、城镇电—气—热能源系统结构布局和管网优化技术，推动海绵城市、绿色城市、智慧城市建设和城市精细化管理，优化城镇化布局和形态，构建综合性城市管理数据库和基础设施智能管控系统，推动智慧住区、社区和园区建设，全面推进区域人居环境优化提质和城市文脉传承，为建设绿色、智慧、创新、人文、紧凑型城市提供科技支撑。
>
> 　　2. 绿色建筑与装配式建筑研究。加强绿色建筑规划设计方法与模式、近零能耗建筑、建筑新型高效供暖解决方案研究，建立绿色建筑基础数据系统，研发室内环境保障和既有建筑高性能改造技术。加强建筑信息模型、大数据技术在建筑设计、施工和运维管理全过程研发应用。加强装配式建筑设计理论、技术体系和施工方法研究。研究装配式混凝土结构、钢结构、木结构和混合结构技术体系、关键技术和通用化、标准化、模数化部品部件。研究装配式装修集成技术。构建装配式建筑的设计、施工、建造和检测评价技术及标准体系，开发耐久性好、本质安全、轻质高强的绿色建材，促进绿色建筑及装配式建筑实现规模化、高效益和可持续发展。
>
> 　　3. 文化遗产保护与公共文化服务。加强文化遗产认知、保护、监测、利用、传承等技术研发与示范，支撑文化遗产价值挖掘，支撑馆藏文物、重要遗产地、墓葬、壁画等的保护，支撑智慧博物馆、"平安故宫"工程建设和"中华古籍保护计划"实施，促进世界遗产和风景名胜区的管理、保护和利用。加强文化设施空间与服务的技术研发应用，促进公共文化资源开放共享。开展竞技体育和体育装备关键技术研发与示范，促进全民健康水平提高和体育产业发展。

五、发展可靠高效的公共安全与社会治理技术

　　围绕平安中国建设，以建立健全公共安全体系为导向，以提高社会治理能力和水平为目的，针对公共安全共性基础科学

问题、国家公共安全综合保障、社会安全监测预警与控制、重特大生产安全事故防控与生产安全保障、国家重大基础设施安全保障、城镇公共安全风险防控与治理、综合应急技术装备等方面开展公共安全保障关键技术攻关和应用示范，形成主动保障型公共安全技术体系。聚焦地震灾害、地质灾害、气象灾害、水旱灾害、海洋灾害等重大自然灾害基础理论问题，重点灾种的关键技术环节和巨灾频发与高危险区域，开展重大自然灾害监测预警、风险防控与综合应对关键科学技术问题基础研究、技术研发和集成应用示范。运用现代科技改进社会治理方法和手段，开展社会治理公共服务平台多系统和多平台信息集成共享、政策仿真建模和分析技术研究，开展社会基础信息、信用信息等数据共享交换关键技术和综合应用技术研究。力争到2020年，形成较为完备、可靠、高效的公共安全与社会治理技术体系，为经济社会持续稳定安全发展提供科技保障。

专栏16　公共安全与社会治理技术

1. 公共安全风险防控与应急技术装备。开展公共安全预防准备、监测预警、态势研判、救援处置、综合保障等关键技术研发和应用示范，加强国家公共安全综合保障平台、公共安全视频监控与智能化应用技术、超深井超大矿山安全开采技术、口岸突发事件应急处置技术等的研发，推动一批自主研发重大应急技术装备投入使用，为单位国内生产总值生产安全事故死亡率下降30%、全面提升公共安全保障能力提供科技支撑。

2. 重大灾害风险监测与防范。深化对地球内动力演化、海陆空多尺度耦合影响重大自然灾害发生的科学认知，发展天地空一体化观测关键技术，提升危险性分析、风险评估和灾害情景预测分析的精细化和精准度。加强高效数值模拟等技术研发，提升预警与灾情快速评估时效与精度。加强相关仪器设备研制和业务平台构建，强化各级政府防灾、抗灾、救灾决策支撑能力，提高社会防范能力，有效减轻重大自然灾害人员和财产损失。

续表

> 3. 社会治理与社会安全关键技术研发和应用示范。加强社会基础信息共享利用、城乡社区综合服务管理平台、社会组织、流动人口、贫困人群和特殊人群监测、就业创业和流动人才管理服务一体化集成等技术研发和应用示范,强化社会安全基础信息综合应用、社会治安综合治理信息数据共享交换、立体化社会治安防控、新型犯罪侦查等技术研发和应用示范,构建社会安全立体防控技术体系。

第七章 发展保障国家安全和战略利益的技术体系

围绕国家和人类长远发展需求,加强海洋、空天以及深地极地空间拓展的关键技术突破,提升战略空间探测、开发和利用能力,为促进人类共同资源有效利用和保障国家安全提供技术支撑。

一、发展海洋资源高效开发、利用和保护技术

按照建设海洋强国和"21世纪海上丝绸之路"的总体部署和要求,坚持以强化近海、拓展远海、探查深海、引领发展为原则,重点发展维护海洋主权和权益、开发海洋资源、保障海上安全、保护海洋环境的重大关键技术。开展全球海洋变化、深渊海洋科学等基础科学研究,突破深海运载作业、海洋环境监测、海洋油气资源开发、海洋生物资源开发、海水淡化与综合利用、海洋能开发利用、海上核动力平台等关键核心技术,强化海洋标准研制,集成开发海洋生态保护、防灾减灾、航运保障等应用系统。通过创新链设计和一体化组织实施,为深入认知海洋、合理开发海洋、科学管理海洋提供有力的科技支撑。加强海洋科技创新平台建设,培育一批自主海洋仪器设备企业和知名品牌,显著提升海洋产业和沿海经济可持续发展能力。

专栏 17　海洋资源开发利用技术

1. 深海探测。围绕实施深海安全战略的科技需求，突破全海深（最大深度 11000 米）潜水器研制，形成 1000—7000 米级潜水器作业应用能力。研制深远海油气勘探开发装备，加快大洋海底矿产资源勘探及试开采进程，初步形成"透明海洋"技术体系，为我国深海资源开发利用提供科技支撑。

2. 海洋环境安全保障。发展近海环境质量监测传感器和仪器系统、深远海动力环境长期持续观测重点仪器装备，研发海洋环境数值预报模式，提高海洋环境灾害及突发事件的预报预警水平和应急处置能力，解决国家海洋环境安全保障平台建设中的关键技术问题，构建海洋环境与资源开发标准计量体系，提升我国海洋环境安全保障能力。

3. 海洋生物资源可持续开发利用。围绕海洋生物科学研究和蓝色经济发展需求，针对海洋特有的群体资源、遗传资源、产物资源，在科学问题认知、关键技术突破、产业示范应用三个层面，一体化布局海洋生物资源开发利用重点任务创新链，培育与壮大我国海洋生物产业，全面提升海洋生物资源可持续开发创新能力。

4. 海水淡化与综合利用。突破低成本、高效能海水淡化系统优化设计、成套和施工各环节的核心技术；研发海水提钾、海水提溴和溴系镁系产品的高值化深加工成套技术与装备，建成专用分离材料和装备生产基地；突破环境友好型大生活用海水核心共性技术，积极推进大生活用海水示范园区建设。

5. 大型海洋工程装备。突破超深水半潜式钻井平台和生产平台、浮式液化天然气生产储卸装置和存储再气化装置、深水钻井船、深水勘察船、极地科考破冰船等海洋工程装备及其配套设备设计制造技术，形成自主研发和设计制造能力，建立健全研发、设计、制造和标准体系。

二、发展空天探测、开发和利用技术

发展新一代空天系统技术和临近空间技术，提升卫星平台和载荷能力以及临近空间持久信息保障能力，强化空天技术对国防安全、经济社会发展、全球战略力量部署的综合服务和支撑作用。增强空天综合信息应用水平与技术支撑能力，拓展我国地球信息产业链。加强空间科学新技术新理论研究，开展空间探测活动。开展新机理新体制遥感载荷与平台、空间辐射基准与传递定标、超敏捷卫星与空天地智能组网、全球空间信息精准获取与定量化应用、高精度全物理场定位与智能导航、泛在精确导航与位置服务、量子导航、多源多尺度时空大数据分析与地球系统模拟、地理信息系统在线可视化服务、空间核动力等核心关键技术研究及示范应用。全面提升航天运输系统技术能力，开展新概念运输系统技术研究。

专栏18　空天探测、开发和利用技术

1. 空间科学卫星系列。开展依托空间科学卫星系列的基础科学前沿研究，围绕已发射暗物质粒子探测卫星等任务，在暗物质、量子力学完备性、空间物理、黑洞、微重力科学和空间生命科学等方面取得重大科学发现与突破。研制太阳风—磁层相互作用全景成像卫星、爱因斯坦探针卫星、全球水循环观测卫星、先进天基太阳天文台卫星等，争取在2020年前后发射，为在地球空间耦合规律、引力波电磁对应体探测、全球变化与水循环、太阳磁层与爆发活动之间关系等方面取得原创性成果奠定基础，引领带动航天尖端技术发展。

2. 深空探测。围绕太阳系及地月系统起源与演化、小行星和太阳活动对地球的影响、地外生命信息探寻等重大科学问题，以提升我国深空探测与科学研究能力水平为目标，力争获取一批原创性科学成果。2018年发射嫦娥四号，实施世界首次月球背面着陆巡视探测。2020年完成小行星、木星系、月球后续等深空探测工程方案深化论证和关键技术攻关。

3. 首次火星探测。围绕火星环境、地质等研究和生命信息探寻等科学问题，按照"一步实现绕落巡、二步完成取样回"的发展路线，到2020年发射首颗火星探测器，突破火星环绕和进入、着陆与巡视核心关键技术，通过一次发射实现火星环绕和着陆巡视探测，开展火星全球性、综合性的科学探测，高起点完成首次火星探测任务，实现我国月球以远深空探测能力的突破。

续表

  4. 地球观测与导航。突破信息精准获取、定量遥感应用等关键技术和复杂系统集成共性技术，开展地球观测与导航前瞻性技术及理论、共性关键技术、应用示范等技术研究，为构建综合精准、自主可控的地球观测与导航信息应用技术系统奠定基础。

  5. 新型航天器。突破分布式可重构弹性空间体系与技术体制、分布式可重构航天器协同测控和能量传输等关键技术；加强超强性能航天器平台、可维修可重复使用卫星、空间机器人等技术研发；面向下一代新型空间系统建设，开发智能高品质新型卫星平台等。推进我国空间体系战略转型、空间探测新机制、空间技术前沿理论与自主核心技术发展。

  6. 重型运载火箭。围绕深空探测、载人登月等大规模空间活动任务需求，研制近地轨道运载能力百吨级重型运载火箭，2020 年前突破 10 米级大直径箭体结构、500 吨级液氧煤油和 220 吨级液氢液氧两型大推力火箭发动机等核心关键技术，确定合理可行的总体方案。全面开展工程组织实施，带动一系列高新技术集群突破。

三、发展深地极地关键核心技术

  围绕深地极地探测开发的技术需求，重点研究深地资源勘探理论和技术装备，开展极地环境观测和资源开发利用。从构造背景、深部过程、成矿规律、勘探技术和成矿信息提取等方面开展全链条研究，深化对成矿过程的全面理解，提高深部资源探测能力，构建深地资源保障供应的资源可持续发展模式。研究海冰—海洋—大气的耦合变化机理和极区环境变化对全球的影响，重点研究对我国气候和灾害性天气的影响机理；探索和了解极区的油气、矿产、渔业、航道资源并评估资源潜力和商业价值；开发耐低温环境的仪器装备，发展极区自动观测网的组网技术，形成对极区的持续观测能力；通过在极区观测网、海底资源开发、深冰芯钻探等领域的国际合作，探索设立大型极区国际合作研究计划，提高我国极地科研水平和技术保障条件。

专栏 19　深地极地技术

1. 深地资源勘探。揭示成矿系统的三维结构与时空展布规律，构建深部矿产预测评价体系，拓展深地矿产开采理论与技术，开发矿产资源勘探关键技术与装备，实现深部油气资源 8000—10000 米、矿产资源 1000—3000 米的勘探能力，建立 3000 米深度矿产资源勘查实践平台、深层油气和铀矿资源勘查实践平台。

2. 极区环境观测。开展极区冰雪观测、冰盖运动与物质平衡，极区环境过程观测与生物地球化学循环，极区生物的生命特征、生态系统及其演替，极区海洋沉积物结构及古气候、古环境变化等方面研究。建立两极海冰—海洋—大气相互作用、协同集成的观测系统，开发极区环境信息服务平台，形成我国认识极地的多学科数据源。

3. 极区变化对全球及我国气候的影响。研究极区环流、海冰—海洋—大气耦合变化及其气候效应，研究南极深冰芯记录、北极冰冻圈演变过程、极区空间天气大气过程的相互作用及其对全球气候变化和我国气候与灾害性天气过程的影响。

4. 极区资源探测与利用。开展极区地质构造及潜在矿产资源探测，极区油气和天然气水合物资源探测，加强北极航道环境适航性探查与安全保障。

5. 我国主导的大型极区国际合作计划。实施北极长期观测计划、南大洋长期观测计划、南极深冰探测联合研究计划，提升我国在极区国际地缘政治中的影响力和话语权。

四、发展维护国家安全和支撑反恐的关键技术

强化科技对国家应对传统安全和非传统安全紧迫需求的支撑，支持信息安全、网络安全、生物安全、反恐、保密等方面关键核心技术研发。

第三篇 增强原始创新能力

围绕增加创新的源头供给，持续加强基础研究，布局建设重大科技创新基地，壮大创新型科技人才队伍，力争在更多领域引领世界科学前沿发展方向，为人类科技进步作出更多贡献。

第八章 持续加强基础研究

坚持面向国家重大需求和世界科学前沿，坚持鼓励自由探索和目标导向相结合，加强重大科学问题研究，完善基础研究体制机制，补好基础研究短板，增强创新驱动源头供给，显著提升我国的科学地位和国际影响力。

一、加强自由探索与学科体系建设

面向基础前沿，遵循科学规律，进一步加大对好奇心驱动基础研究的支持力度，引导科学家将学术兴趣与国家目标相结合，鼓励科学家面向重大科学研究方向，勇于攻克最前沿的科学难题，提出更多原创理论，作出更多原创发现。切实加大对非共识、变革性创新研究的支持力度，鼓励质疑传统、挑战权威，重视可能重塑重要科学或工程概念、催生新范式或新学科新领域的研究。

加强学科体系建设。重视数学、物理学、化学、天文学、地学、生命科学等基础学科，推动学科持续发展；加强信息、生物、纳米等新兴学科建设，鼓励开展跨学科研究，促进学科交叉与融合；重视产业升级与结构调整所需解决的核心科学问题，推进环境科学、海洋科学、材料科学、工程科学和临床医学等应用学科发展。各学科论文总量和论文被引用数进一步增长，部分学科学术影响力达到世界领先。

二、强化目标导向的基础研究和前沿技术研究

面向我国经济社会发展中的关键科学问题、国际科学研究发展前沿领域以及未来可能产生变革性技术的科学基础，统筹优势科研队伍、国家科研基地平台和重大科技基础设施，超前投入、强化部署目标导向的基础研究和前沿技术研究。

聚焦国家重大战略任务部署基础研究。面向国家重大需求、面向国民经济主战场，针对事关国计民生、产业核心竞争力的重大战略任务，凝练现代农业、人口健康、资源环境和生态保护、产业转型升级、节能环保和新能源、新型城镇化等领域的关键科学问题，促进基础研究与经济社会发展需求紧密结合，为创新驱动发展提供源头供给。

专栏20　面向国家重大战略任务重点部署的基础研究

1. 农业生物遗传改良和可持续发展。
2. 能源高效洁净利用与转化的物理化学基础。
3. 面向未来人机物融合的信息科学。
4. 地球系统过程与资源、环境和灾害效应。
5. 新材料设计与制备新原理和新方法。
6. 极端环境条件下的制造。
7. 重大工程复杂系统的灾变形成及预测。
8. 航空航天重大力学问题。
9. 医学免疫学问题。

面向世界科学前沿和未来科技发展趋势，选择对提升持续创新能力带动作用强、研究基础和人才储备较好的战略性前瞻性重大科学问题，强化以原始创新和系统布局为特点的大科学研究组织模式，部署基础研究重点专项，实现重大科学突破、抢占世界科学发展制高点。

专栏 21　战略性前瞻性重大科学问题

1. 纳米科技。
2. 量子调控与量子信息。
3. 蛋白质机器与生命过程调控。
4. 干细胞及转化。
5. 依托大科学装置的前沿研究。
6. 全球变化及应对。
7. 发育的遗传与环境调控。
8. 合成生物学。
9. 基因编辑。
10. 深海、深地、深空、深蓝科学研究。
11. 物质深层次结构和宇宙大尺度物理研究。
12. 核心数学及应用数学。
13. 磁约束核聚变能发展。

以实现重点科技领域的战略领先为目标，面向未来有望引领人类生活和工业生产实现跨越式发展的前沿方向，建立变革性技术科学基础的培育机制，加强部署基因编辑、材料素化、神经芯片、超构材料、精准介观测量等方面的基础研究和超前探索，通过科学研究的创新和突破带动变革性技术的出现和发展，为未来我国产业变革和经济社会可持续发展提供科学储备。

三、组织实施国际大科学计划和大科学工程

面向基础研究领域和重大全球性问题，结合我国发展战略需要、现实基础和优势特色，积极参与国际大科学计划和大科学工程。加强顶层设计，长远规划，择机布局，重点在数理天文、生命科学、地球环境科学、能源以及综合交叉等我国已相对具备优势的领域，研究提出未来 5 至 10 年我国可能组织发起的国际大科学计划和大科学工程。调动国际资源和力量，在前期充分研究基础上，力争发起和组织若干新的国际大科学计划和大科学工程，为世界科学发展作出贡献。

专栏 22　国际大科学计划和大科学工程

1. 国际热核聚变实验堆（ITER）计划。全面参与 ITER 计划国际组织管理，提升我国核聚变能源研发能力；以参加 ITER 计划为契机，带动更多国内相关机构参与国际研发，提升我国参与大科学工程项目管理的能力，树立我国参与国际大科学工程项目管理的典范。

2. 平方公里阵列射电望远镜（SKA）计划。积极参与 SKA 计划政府间正式谈判，继续深入参与 SKA 国际工作包研发并确保我国工业界在 SKA—1 建设中的优势地位，在国内部署开展科学预研及推动设立 SKA—1 专项。

3. 地球观测组织（GEO）。构建综合地球观测领域全球合作体系，主导亚洲大洋洲区域全球综合地球观测系统（GEOSS）的建设，运行我国全球综合地球观测数据共享服务平台，向全球发布专题报告。选择"一带一路"区域开展遥感产品生产与示范应用。

4. 国际大洋发现计划（IODP）。瞄准国际前沿科学问题，验证大陆破裂形成海洋的重大理论假说，解决南海北部油气勘探开发中的关键问题。创新参与模式，提高我国的主导作用。

5. 发起实施国际大科学计划和大科学工程。在数理天文、生命科学、地球环境科学、能源以及综合交叉等领域选择全球共同关心的重大科学问题，发起实施若干国际大科学计划和大科学工程，并在其中发挥重要作用。

四、加强国家重大科技设施建设

聚焦能源、生命、粒子物理和核物理、空间和天文、海洋、地球系统和环境等领域，以提升原始创新能力和支撑重大科技突破为目标，依托高等学校、科研院所布局建设一批重大科技基础设施，支持依托重大科技基础设施开展科学前沿问题研究。加强运行管理，推动大科学装置等重大科技基础设施与国家实验室等紧密结合，强化大科学装置等国家重大科技基础设施绩效评估，促进开放共享。围绕生态保障、现代农业、气候变化和灾害防治等国家需求，建设布局一批野外科学观测研究站，完善国家野外观测站体系，推动野外科学观测研究站的多能化、标准化、规范化和网络化建设运行，促进联网观测和协同创新。

五、开展重大科学考察与调查

面向重要科学问题、农业可持续发展、生态恢复与重建、自然灾害的防灾减灾、国家权益维护和重大战略需求，组织开展跨学科、跨领域、跨区域的重大科学考察与调查，获得一批基础性、公益性、系统性、权威性的科技资源。在我国重要地理区、生态环境典型区、国际经济合作走廊以及极地、大洋等重点、特殊和空白地区，开展科学考察与调查，摸清自然本底和动态变化状况，为原始性创新、重大工程建设和国家决策提供支撑。

专栏23　科学考察与调查

1. 重大综合科学考察。在我国重要地理区、生态环境典型区等重点、特殊和空白地区，开展地理、地质、生态、环境、生物、农业、林业、海洋、健康等多领域多要素的科学考察与调查，采集、收集科技基础资源，摸清自然本底和动态变化状况。

2. 南北极科学考察。围绕极区快速变化及其对区域和全球气候、环境、生态以及人类活动影响等重要方向，依托极地科考站、科考船和综合立体观测系统，开展极地雪冰、资源环境、海洋沉积、极光和电离层特征、地质构造等科学考察与调查，提高对极地系统的科学新认知，提升极地科学研究的能力与水平。

续表

> 3. 种质资源普查与收集。开展全国范围内的种质资源普查和征集,开展典型区域的种质资源系统调查,抢救性收集各类栽培作物的古老地方品种、重要作物的野生近缘植物以及其他珍稀、濒危野生植物种质资源等,丰富种质资源的数量和多样性。
>
> 4. 科学调查。开展岩石、地层、古生物、构造、矿产、水文、环境、地貌、地球化学、重点疾病等科学调查,获取相关学科研究所需基础资料和信息。

六、加强基础研究协同保障

完善基础研究投入机制,提高基础研究占全社会研发投入比例,充分发挥国家对基础研究投入的主体作用,加大中央财政对基础研究的支持力度,加大对基础学科、基础研究基地和基础科学重大设施的稳定支持。强化政策环境、体制机制、科研布局、评价导向等方面的系统设计,多措并举支持基础研究。积极引导和鼓励地方政府、企业和社会力量加大对基础研究的投入,形成全社会重视和支持基础研究的合力。

加强顶层设计和整体布局,完善国家基础研究管理部门之间的沟通协调机制,按照新的国家科技计划体系对基础研究工作进行系统性部署和支持。发挥国家自然科学基金支持源头创新的重要作用,充分尊重科学家的学术敏感,包容和支持非共识研究,构建宽松包容的学术环境。国家重点研发计划以及基地和人才专项加强支持开展目标导向类基础研究和协同创新,建立按照国家目标凝练基础研究重点任务的有效机制,进行长期稳定支持。

推进科教融合发展,结合国际一流科研机构、世界一流大学和一流学科建设,支持高等学校与科研机构自主布局基础研究，扩大高等学校与科研机构学术自主权和个人科研选题选择权，支持一批高水平大学和科研院所组建跨学科、综合交叉的科研团队，促进高等学校和科研院所全面参与基础研究，推进基础研究全面、协调、可持续发展。

改善学术环境，建立符合基础研究特点和规律的评价机制。自由探索类基础研究采用长周期评价机制，实行国际同行评估，主要评价研究的原创性和学术贡献；目标导向类基础研究强调目标实现程度，主要评价解决重大科学问题的效能；确立以创新质量和学术贡献为核心的评价导向。

第九章　建设高水平科技创新基地

紧密围绕国家战略需求，大力推进以国家实验室为引领的科技创新基地建设，加强基地优化整合，创新运行机制，促进科技资源开放共享，夯实自主创新的物质技术基础。

一、优化国家科研基地和平台布局

以提升科技创新能力为目标，着眼长远和全局，统筹科研基地、科技资源共享服务平台和科研条件保障能力建设，坚持优化布局、重点建设、分层管理、规范运行的原则，围绕国家战略和创新链布局需求对现有国家科研基地平台进行合理归并，优化整合为战略综合类、技术创新类、科学研究类、基础支撑类等，进一步明确功能定位和目标任务。战略综合类主要是国家实验室。技术创新类包括国家技术创新中心、国家临床医学研究中心，以及对现有国家工程技术研究中心、国家工程研究中心、国家工程实验室、企业国家重点实验室等优化整合后形成的科研基地。科学研究类主要是国家重点实验室。基础支撑类包括国家野外科学观测研究站、科技资源服务平台等基础性、公益性基地和平台。

以国家实验室为引领统筹布局国家科研基地建设，推动地方和部门按照国家科研基地总体布局，建设适合区域发展和行业特色的科技创新基地，形成国家、部门、地方分层次的合理构架。进一步完善管理运行机制，加强评估考核，强化稳定支持。

二、在重大创新领域布局建设国家实验室

聚焦国家目标和战略需求，优先在具有明确国家目标和紧迫战略需求的重大领域，在有望引领未来发展的战略制高点，面向未来、统筹部署，布局建设一批突破型、引领型、平台型一体的国家实验室。以重大科技任务攻关和国家大型科技基础设施为主线，依托最有优势的创新单元，整合全国创新资源，聚集国内外一流人才，探索建立符合大科学时代科研规律的科学研究组织形式、学术和人事管理制度，建立目标导向、绩效管理、协同攻关、开放共享的新型运行机制，同其他各类科研机构、大学、企业研发机构形成功能互补、良性互动的协同创新新格局。加大持续稳定支持强度，开展具有重大引领作用的跨学科、大协同的创新攻关，打造体现国家意志、具有世界一流水平、引领发展的重要战略科技力量。

三、推进国家科学研究与技术创新基地建设

瞄准科学前沿和重点行业领域发展方向，加强以国家重点实验室为重要载体的科学研究基地建设，在孕育原始创新、推动学科发展和前沿技术研发方面发挥重要作用，在若干学科领域实现并跑和领跑，产出国际一流成果。根据国家科技计划管理改革的整体要求，按照国家科研基地顶层设计，对现有国家重点实验室进行优化布局，重点在前沿交叉、优势特色学科择优建设一批国家重点实验室，推进省部共建、军民共建及港澳伙伴实验室建设发展工作。完善运行管理制度和机制，强化定期评估考核和调整，形成具有持续创新活力、能进能出的重要科学研究基地。

聚焦国家战略产业技术领域，建设综合性、集成性，面向全球竞争、开放协同的国家技术创新中心。面向行业和产业发展需求，整合国家工程技术研究中心和国家工程研究中心，完善布局，实行动态调整和有序退出机制。在先进制造、现代农业、生态环境、社会民生等重要领域建设高水平的技术创新和成果转化基地。建成若干国家临床研究中心和覆盖全国的网络化、集群化协同研究网络，促进医学科技成果转化应用。

四、强化科技资源开放共享与服务平台建设

加强平台建设系统布局，形成涵盖科研仪器、科研设施、科学数据、科技文献、实验材料等的科技资源共享服务平台体系，强化对前沿科学研究、企业技术创新、大众创新创业等的支撑，着力解决科技资源缺乏整体布局、重复建设和闲置浪费等问题。整合和完善科技资源共享服务平台，更好满足科技创新需求。建立健全共享服务平台运行绩效考核、后补助和管理监督机制。深入开展重点科技资源调查，完善国家科技资源数据库建设，强化科技资源挖掘加工、评价鉴定等。面向国家重大需求提供高水平专题服务。建立科技资源信息公开制度，完善科学数据汇交和共享机制，加强科技计划项目成果数据的汇交。

专栏24 科技资源共享服务

1. 科研仪器共享服务平台。完善科研仪器国家网络管理平台建设，对国家财政购置的各类科研仪器设备进行集约式管理，积极推动面向科研院所、企业及全社会开放共享，为科学研究和创新创业提供支撑保障。

续表

2. 科研设施共享服务平台。充分发挥国家重大科研基础设施、大型科学装置和科研设施、野外科学观测研究站等重要公共科技资源的优势，推动面向科技界开放共享，为相关学科发展提供支撑保障。

3. 科学数据共享服务平台。加强各类科学数据的整合和质量控制，完善科学数据汇交机制，推动科学数据的汇聚和更新，加工形成专题数据产品，面向国家重大战略需求提供科学数据支撑。

4. 科技文献共享服务平台。扩大科技文献信息资源采集范围，建立长期保存制度，建设面向重大科技发展方向的语义知识组织体系，提升科技资源大数据语义揭示、开放关联和知识发现的支撑能力，全面构建适应大数据环境和知识服务需求的国家科技文献信息保障服务体系。

5. 生物（种质）资源与实验材料共享服务平台。重点加强实验动物、标准物质、科研试剂、特殊人类遗传资源、基因、细胞、微生物菌种、植物种质、动物种质、岩矿化石标本、生物标本等资源的收集、整理、保藏工作，提高资源质量，提升资源保障能力和服务水平。

五、提升科研条件保障能力

以提升原始创新能力和支撑重大科技突破为目标，加强大型科学仪器设备、实验动物、科研试剂、创新方法等保障研究开发的科研条件建设，夯实科技创新的物质和条件基础，提升科研条件保障能力。强化重大科研仪器设备、核心技术和关键部件研制与开发，推动科学仪器设备工程化和产业化技术研究；强化国家质量技术基础研究，支持计量、标准、检验检测、认证认可等技术研发，加强技术性贸易措施研究；加强实验动物品种培育、模型创制及相关设备的研发，全面推进实验动物标准化和质量控制体系建设；加强国产科研用试剂研发、应用与示范，研发一批填补国际空白、具有自主知识产权的原创性科研用试剂，不断满足我国科学技术研究和高端检测领域的需求；开展科技文献信息数字化保存、信息挖掘、语义揭示、知识计算等方面关键共性技术研发。

专栏 25　科研条件保障

1. 科学仪器设备。以关键核心技术和部件自主研发为突破口，聚焦高端通用和专业重大科学仪器设备研发、工程化和产业化，研制一批核心关键部件，显著降低核心关键部件对外依存度，明显提高高端通用科学仪器的产品质量和可靠性，大幅提升我国科学仪器行业核心竞争力。

2. 国家质量技术基础。研发具有国际水平的计量、标准、检验检测和认证认可技术，提升我国国际互认计量测量能力，参与和主导研制国际标准，突破一批检验检测检疫认证新技术，实现国家质量技术基础总体水平与发达国家并跑，个别领域达到领跑。

3. 实验动物。开展实验动物新资源和新品种培育，加快人源化和复杂疾病动物模型创制与应用，新增一批新品种、新品系，资源总量接近发达国家水平；开展动物实验新技术和新设备开发，加强实验动物标准化体系建设，为人类健康和公共安全提供有效技术保障。

4. 科研试剂。重点围绕人口健康、资源环境以及公共安全领域需求，加强高端检测试剂、高纯试剂、高附加值专有试剂研发，研发一批具有自主知识产权的原创性试剂；开展科研用试剂共性测试技术研究，加强技术标准建设，完善质量体系，提升科研用试剂保障能力。

第十章　加快培育集聚创新型人才队伍

人才是经济社会发展的第一资源，是创新的根基，创新驱动实质上是人才驱动。深入实施人才优先发展战略，坚持把人才资源开发放在科技创新最优先的位置，优化人才结构，构建科学规范、开放包容、运行高效的人才发展治理体系，形成具有国际竞争力的创新型科技人才制度优势，努力培养造就规模宏大、结构合理、素质优良的创新型科技人才队伍，为建设人才强国作出重要贡献。

一、推进创新型科技人才结构战略性调整

促进科学研究、工程技术、科技管理、科技创业人员和技能型人才等协调发展，形成各类创新型科技人才衔接有序、梯次配备、合理分布的格局。深入实施国家重大人才工程，打造国家高层次创新型科技人才队伍。突出"高精尖缺"导向，加强战略科学家、科技领军人才的选拔和培养。加强创新团队建设，形成科研人才和科研辅助人才的梯队合理配备。加大对优秀青年科技人才的发现、培养和资助力度，建立适合青年科技人才成长的用人制度，增强科技创新人才后备力量。大力弘扬新时期工匠精神，加大面向生产一线的实用工程人才、卓越工程师和专业技能人才培养。培养造就一大批具有全球战略眼光、创新能力和社会责任感的企业家人才队伍。加大少数民族创新型科技人才培养和使用，重视和提高女性科技人才的比例。加强知识产权和技术转移人才队伍建设，提升科技管理人才的职业化和专业化水平。加大对新兴产业以及重点领域、企业急需紧缺人才的支持力度。研究制定国家重大战略、国家重大科技项目和重大工程等的人才支持措施。建立完善与老少边穷地区人才交流合作机制，促进区域人才协调发展。

二、大力培养和引进创新型科技人才

发挥政府投入引导作用，鼓励企业、高等学校、科研院所、社会组织、个人等有序参与人才资源开发和人才引进，更大力度引进急需紧缺人才，聚天下英才而用之。促进创新型科技人才的科学化分类管理，探索个性化培养路径。促进科教结合，构建创新型科技人才培养模式，强化基础教育兴趣爱好和创造性思维培养，探索研究生培养科教结合的学术学位新模式。深化高等学校创新创业教育改革，促进专业教育与创新创业教育有机结合，支持高等职业院校加强制造等专业的建设和技能型人才培养，完善产学研用结合的协同育人模式。鼓励科研院所和高等学校联合培养人才。

加大对国家高层次人才的支持力度。加快科学家工作室建设，鼓励开展探索性、原创性研究，培养一批具有前瞻性和国际眼光的战略科学家群体；形成一支具有原始创新能力的杰出科学家队伍；在若干重点领域建设一批有基础、有潜力、研究方向明确的高水平创新团队，提升重点领域科技创新能力；瞄准世界科技前沿和战略性新兴产业，支持和培养具有发展潜力的中青年科技创新领军人才；改革博士后制度，发挥高等学校、科研院所、企业在博士后研究人员招收培养中的主体作用，为博士后从事科技创新提供良好条件保障；遵循创业人才成长规律，拓宽培养渠道，支持科技成果转化领军人才发展。培育一批具备国际视野、了解国际科学前沿和国际规则的中青年科研与管理人才。

加大海外高层次人才引进力度。围绕国家重大需求，面向全球引进首席科学家等高层次创新人才，对国家急需紧缺的特殊人才，开辟专门渠道，实行特殊政策，实现精准引进。改进与完善外籍专家在华工作、生活环境和相关服务。支持引进人才深度参与国家计划项目、开展科技攻关，建立外籍科学家领衔国家科技项目的机制。开展高等学校和科研院所部分非涉密岗位全球招聘试点。完善国际组织人才培养推送机制。

优化布局各类创新型科技人才计划，加强衔接协调。统筹安排人才开发培养经费，调整和规范人才工程项目财政性支出，提高资金使用效益，发挥人才发展专项资金等政府投入的引导和撬动作用。推动人才工程项目与各类科研、基地计划相衔接。

三、健全科技人才分类评价激励机制

改进人才评价考核方式，突出品德、能力和业绩评价，实行科技人员分类评价。探索基础研究类科研人员的代表作同行学术评议制度，进一步发挥国际同行评议的作用，适当延长基础研究人才评价考核周期。对从事应用研究和技术开发的科研人员注重市场检验和用户评价。引导科研辅助和实验技术类人员提高服务水平和技术支持能力。完善科技人才职称评价体系，突出用人主体在职称评审中的主导作用，合理界定和下放职称评审权限，推动高等学校、科研院所和国有企业自主评审，探索高层次人才、急需紧缺人才职称直聘办法，畅通非公有制经济组织和社会组织人才申报参加职称评审渠道。做好人才评价与项目评审、机构评估的有机衔接。

改革薪酬和人事制度，为各类人才创造规则公平和机会公平的发展空间。完善科研事业单位收入分配制度，推进实施绩效工资，保证科研人员合理工资待遇水平，健全与岗位职责、工作业绩、实际贡献紧密联系和鼓励创新创造的分配激励机制，重点向关键岗位、业务骨干和作出突出贡献的人员倾斜。依法赋予创新领军人才更大的人财物支配权、技术路线决定权，实行以增加知识价值为导向的激励机制。积极推行社会化、市场化选人用人。创新科研事业单位选聘、聘用高端人才的体制机制，探索高等学校、科研院所负责人年薪制和急需紧缺等特殊人才协议工资、项目工资等多种分配办法。深化国家科技奖励制度改革，优化结构、减少数量、提高质量、强化奖励的荣誉性和对人的激励，逐步完善推荐提名制，引导和规范社会力量设奖。改进完善院士制度，健全院士遴选、管理和退出机制。

四、完善人才流动和服务保障机制

优化人力资本配置,按照市场规律让人才自由流动,实现人尽其才、才尽其用、用有所成。改进科研人员薪酬和岗位管理制度,破除人才流动障碍,研究制定高等学校、科研院所等事业单位科研人员离岗创业的政策措施,允许高等学校、科研院所设立一定比例的流动岗位,吸引具有创新实践经验的企业家、科技人才兼职,促进科研人员在事业单位和企业间合理流动。健全有利于人才向基层、中西部地区流动的政策体系。加快社会保障制度改革,完善科研人员在企业与事业单位之间流动时社保关系转移接续政策,为人才跨地区、跨行业、跨体制流动提供便利条件,促进人才双向流动。

针对不同层次、不同类型的人才,制定相应管理政策和服务保障措施。实施更加开放的创新型科技人才政策,探索柔性引智机制,推进和保障创新型科技人才的国际流动。落实外国人永久居留管理政策,探索建立技术移民制度。对持有外国人永久居留证的外籍高层次人才开展创办科技型企业等创新活动,给予其与中国籍公民同等待遇,放宽科研事业单位对外籍人员的岗位限制,放宽外国高层次科技人才取得外国人永久居留证的条件。推进内地与港澳台创新型科技人才的双向流动。加强对海外引进人才的扶持与保护,避免知识产权纠纷。健全创新人才维权援助机制,建立创新型科技人才引进使用中的知识产权鉴定机制。完善留学生培养支持机制,提高政府奖学金资助标准,扩大来华留学规模,优化留学生结构。鼓励和支持来华留学生和在海外留学生以多种形式参与创新创业活动。进一步完善教学科研人员因公临时出国分类管理政策。

拓展人才服务新模式。积极培育专业化人才服务机构,发展内外融通的专业性、行业性人才市场,完善对人才公共服务的监督管理。搭建创新型科技人才服务区域和行业发展的平台，探索人才和智力流动长效服务机制。

第四篇　拓展创新发展空间

统筹国内国际两个大局，促进创新资源集聚和高效流动。以打造区域创新高地为重点带动提升区域创新发展整体水平，深度融入和布局全球创新网络，全方位提升科技创新的国际化水平。

第十一章　打造区域创新高地

围绕推动地方实施创新驱动发展战略和落实国家区域发展总体战略，充分发挥地方在区域创新中的主体作用，优化发展布局，创新体制机制，集成优势创新资源，着力打造区域创新高地，引领带动区域创新水平整体跃升。

一、支持北京上海建设具有全球影响力的科技创新中心

支持北京发挥高水平大学和科研机构、高端科研成果、高层次人才密集的优势，建设具有强大引领作用的全国科技创新中心。鼓励开展重大基础和前沿科学研究，聚集世界级研究机构和创新团队，打造原始创新策源地。强化央地共建共享，建立跨区域科技资源服务平台，全面提升重点产业技术创新能力，积极培育新兴业态，形成全国"高精尖"产业集聚区。建设国家科技金融创新中心，推动科技人才、科研条件、金融资本、科技成果开放服务，在京津冀及全国创新驱动发展中发挥核心支撑和先发引领作用。构筑全球开放创新高地，打造全球科技创新的引领者和创新网络的关键枢纽。

支持上海发挥科技、资本、市场等资源优势和国际化程度高的开放优势，建设具有全球影响力的科技创新中心。瞄准世

界科技前沿和顶尖水平，布局建设世界一流重大科技基础设施群。支持面向生物医药、集成电路等优势产业领域建设若干科技创新平台，形成具有国际竞争力的高新技术产业集群。鼓励政策先行先试，促进国家重大科技成果转化落地，吸引集聚全球顶尖科研机构、领军人才和一流创新团队，引导新型研发机构快速发展，培育创新创业文化。推进上海张江国家自主创新示范区、中国（上海）自由贸易试验区和全面创新改革试验区联动，全面提升科技国际合作水平。发挥上海在长江经济带乃至全国范围内的高端引领和辐射带动作用，打造全球科技创新网络重要枢纽，建设富有活力的世界创新城市。

二、推动国家自主创新示范区和高新区创新发展

紧密结合国家重大战略，按照"东转西进"的原则优化布局，依托国家高新区再建设一批国家自主创新示范区。大力提升国家自主创新示范区创新能力，发挥科教资源集聚优势，释放高等学校和科研院所创新效能，整合国内外创新资源，深化企业主导的产学研合作，着力提升战略性新兴产业竞争力，发挥在创新发展中的引领示范和辐射带动作用。支持国家自主创新示范区先行先试，全面深化科技体制改革和政策创新，结合功能提升和改革示范的需求建设创新特区。加强政策总结评估，加快成熟试点政策向全国推广。

国家高新区围绕做实做好"高"和"新"两篇文章，加大体制机制改革和政策先行先试力度，促进科技、人才、政策等要素的优化配置，完善从技术研发、技术转移、企业孵化到产业集聚的创新服务和产业培育体系。稳步推进省级高新区升级，按照择优选择、以升促建、分步推进、特色鲜明的原则，推动国家高新区在全国大部分地级市布局，加快推进中西部地区高新区升级。建设创新型产业集群，发挥集群骨干企业创新示范

作用，促进大中小企业的分工协作，引导跨区域跨领域集群协同发展。

加强国家农业科技园、国家现代农业科技示范区建设，布局一批农业高新技术产业示范区和现代农业产业科技创新中心，培育壮大农业高新技术企业，促进农业高新技术产业发展。

三、建设带动性强的创新型省市和区域创新中心

按照创新型国家建设的总体部署，发挥地方主体作用，加强中央和地方协同共建，有效集聚各方科技资源和创新力量，加快推进创新型省份和创新型城市建设，推动创新驱动发展走在前列的省份和城市率先进入创新型省市行列，依托北京、上海、安徽等大科学装置集中的地区建设国家综合性科学中心，形成一批具有全国乃至全球影响力的科学技术重要发源地和新兴产业策源地，在优势产业、优势领域形成全球竞争力。根据各地资源禀赋、产业特征、区位优势、发展水平等基础条件，突出优势特色，探索各具特色的创新驱动发展模式，打造形成若干具有强大带动力的区域创新中心，辐射带动周边区域创新发展。

四、系统推进全面创新改革试验

围绕发挥科技创新在全面创新中的引领作用，在京津冀、上海、安徽、广东、四川和沈阳、武汉、西安等区域开展系统性、整体性、协同性的全面创新改革试验，推动形成若干具有示范带动作用的区域性改革创新平台，形成促进创新的体制架构。支持改革试验区域统筹产业链、创新链、资金链和政策链，在市场公平竞争、知识产权、科技成果转化、金融创新、人才培养和激励、开放创新、科技管理体制等方面取得一批重大改革突破，在率先实现创新驱动发展方面迈出实质性步伐。在对8

个区域改革试验总结评估的基础上,形成可复制的重大改革举措,向全国推广示范。

第十二章 提升区域创新协调发展水平

完善跨区域协同创新机制,引导创新要素聚集流动,构建跨区域创新网络,集中力量加大科技扶贫开发力度,充分激发基层创新活力。

一、推动跨区域协同创新

紧紧围绕京津冀协同发展需求,打造协同创新共同体。着力破解产业转型升级、生态环保等重大科技问题,加快科技资源互联互通和开放共享,建立一体化技术交易市场,推动建设河北·京南科技成果转移转化示范区,促进产业有序对接,推动京津冀区域率先实现创新驱动发展。围绕长江经济带发展重大战略部署,着力解决流域生态保护和修复、产业转型升级的重大科技问题,促进长江经济带各地区技术转移、研发合作与资源共享,推动科技、产业、教育、金融等深度融合,提升创新发展整体水平。加速长三角、珠三角科技创新一体化进程,建设开放创新转型升级新高地。

打破区域体制机制障碍,促进创新资源流动,实现东中西部区域协同发展。支持东部地区率先实现创新驱动发展,更好发挥辐射带动作用。围绕东北地区等老工业基地振兴和中部崛起,加大对重点产业创新支持力度,提高创新资源配置的市场化程度,增强创新动力和活力。加快面向中西部地区的创新基地优化布局,发展特色优势学科和产业。加强对西部区域和欠发达地区的差别化支持,紧密对接革命老区、民族地区、边疆地区、贫困地区科技需求,加大科技援疆、援藏、援青以及对口支援力度,为跨越式发展和长治久安提供有力支撑。支持中西部地区结合发展需求探索各具特色的创新驱动发展模式，支持和推进甘肃兰白科技创新改革试验区、贵州大数据产业技术创新试验区、四川成都中韩创新创业园、云南空港国际科技创新园、宁夏沿黄经济带科技创新改革试验区等建设，优化创新创业环境，聚集创新资源，示范引领区域转型发展。深化省省会商机制，加大中央和地方科技资源的集成与协调。

二、加大科技扶贫开发力度

围绕打赢脱贫攻坚战，强化科技创新对精准扶贫精准脱贫的支撑作用，大力推进智力扶贫、创业扶贫、协同扶贫。推动科技人员支持边远贫困地区、边疆民族地区和革命老区建设，在贫困地区、革命老区转化推广一大批先进适用技术成果。加强科技园区和创新创业孵化载体建设，引导资本、技术、人才等创新创业资源向贫困地区集聚，鼓励和支持结合贫困地区资源和产业特色的科技型创业。支持做好片区扶贫，完善跨省协调机制。结合贫困地区需求，强化定点扶贫，实施"一县一团"、"一县一策"，建设创新驱动精准脱贫的试验田和示范点。发挥科技在行业脱贫中的带动作用，重点扶持贫困地区特色优势产业发展壮大。

三、提升基层科技创新服务能力

进一步加强基层科技工作系统设计与指导，坚持面向基层、重心下移，统筹中央和地方科技资源支持基层科技创新。开展县域创新驱动发展示范，加强全国县（市）科技创新能力监测和评价。加强基层科技管理队伍建设，发展和壮大社会化创业服务，鼓励和培育多元化、个性化服务模式。深入推行科技特派员制度，发展壮大科技特派员队伍，培育发展新型农业经营和服务主体，健全农业社会化科技服务体系，鼓励创办领办科技型企业和专业合作社、专业技术协会，加大先进适用技术的推广应用力度。

专栏26　县域创新驱动发展示范

1. 创新驱动发展示范县。选择有示范带动能力的特色县（市），重点开展科研单位与县（市）科技合作平台建设，培育壮大农业高新技术产业，发展县（市）科技成果转化与创新服务平台，加强创新驱动的考核评价。

2. 农业现代化科技示范县。选择农业现代化水平高、科技创新能力强、农业高新技术产业密集、科教资源丰富的县（市），创建农业现代化科技示范县，形成农业现代化发展样板。

3. 农村一二三产业融合发展示范县。选择农业资源、生物质资源、休闲农业资源丰富，产业基础好的县（市），发展"互联网+"现代农业，延伸拓展农业产业链，促进农村一二三产业融合发展，拓展农业产业增值空间。

四、促进区域可持续发展

优化国家可持续发展实验区布局，针对不同类型地区经济、社会和资源环境协调发展的问题，开展创新驱动区域可持续发展的实验和示范。完善实验区指标与考核体系，加大科技成果转移转化力度，促进实验区创新创业，积极探索区域协调发展新模式。在国家可持续发展实验区基础上，围绕落实国家重大战略和联合国2030年可持续发展议程，以推动绿色发展为核心，创建国家可持续发展创新示范区，力争在区域层面形成一批现代绿色农业、资源节约循环利用、新能源开发利用、污染治理与生态修复、绿色城镇化、人口健康、公共安全、防灾减灾和社会治理的创新模式和典型。

第十三章　打造"一带一路"协同创新共同体

发挥科技创新合作对共建"一带一路"的先导作用，围绕沿线国家科技创新合作需求,全面提升科技创新合作层次和水平,打造发展理念相通、要素流动畅通、科技设施联通、创新链条融通、人员交流顺通的创新共同体。

一、密切科技沟通和人文交流

加强与"一带一路"沿线国家人文交流,扩大人员往来。与沿线国家共同培养科技人才,扩大杰出青年科学家来华工作计划规模,广泛开展先进适用技术、科技管理与政策、科技创业等培训。鼓励我国科技人员赴沿线国家开展科技志愿服务,解决技术问题,满足技术需求。合作开展科普活动,促进青少年科普交流。密切与沿线国家科技政策的交流与沟通,形成科技创新政策协作网络。

二、加强联合研发和技术转移中心建设

结合沿线国家的重大科技需求,鼓励我国科研机构、高等学校和企业与沿线国家相关机构合作,围绕重点领域共建联合实验室(联合研究中心),联合推进高水平科学研究,开展科技人才的交流与培养,促进适用技术转移和成果转化,构建长期、稳定的合作关系。充分发挥我国面向东盟、中亚、南亚和阿拉伯国家的国际技术转移中心,以及中国—以色列创新合作中心等的作用,共建一批先进适用技术示范与推广基地,促进与沿线国家技术交流合作与转移。合作建设一批特色鲜明的科技园区,探索多元化建设模式,搭建企业走出去平台。鼓励科技型企业在沿线国家创新创业,推动移动互联网、云计算、大数据、物联网等行业企业与沿线国家传统产业结合,促进新技术、新业态和新商业模式合作。

三、促进科技基础设施互联互通

加强适应性关键技术研发和技术标准对接,支撑铁路、公路联运联通，以及电网、信息通信网络互联互通，保障海上丝绸之路运输大通道建设。加快数据共享平台与信息服务设施建设，促进大型科研基础设施、科研数据和科技资源互联互通。持续推进大型科研基础设施国际开放，优先在"一带一路"沿线国家建立平台服务站点。建立地球观测与科学数据共享服务平台，实现亚太主要地球观测数据中心互联。搭建生物技术信息网络，促进沿线国家生物资源和技术成果数据库的共建共享。

四、加强与"一带一路"沿线国家的合作研究

积极开展重大科学问题和应对共同挑战的合作研究。加强在农业、人口健康、水治理、荒漠化与盐渍化治理、环境污染监控、海水淡化与综合利用、海洋和地质灾害监测、生态系统保护、生物多样性保护、世界遗产保护等重大公益性科技领域的实质性合作，推动在中医药、民族医药等领域开展生物资源联合开发、健康服务推广。在航空航天、装备制造、节水农业、生物医药、节能环保、新能源、信息、海洋等领域加强合作开发与产业示范，提升我国重点产业创新能力。加强"一带一路"区域创新中心建设，支持新疆建设丝绸之路经济带创新驱动发展试验区，支持福建建设21世纪海上丝绸之路核心区。

第十四章　全方位融入和布局全球创新网络

坚持以全球视野谋划和推动创新，实施科技创新国际化战略，积极融入和主动布局全球创新网络，探索科技开放合作新模式、新路径、新体制，深度参与全球创新治理，促进创新资源双向开放和流动，全方位提升科技创新的国际化水平。

一、完善科技创新开放合作机制

加强国家科技外交和科技合作的系统设计。深化政府间科

技合作，分类制定国别战略，丰富新型大国关系的科技内涵，推进与科技发达国家建立创新战略伙伴关系，与周边国家打造互利合作的创新共同体，拓展对发展中国家科技伙伴计划框架。创新国际科技人文交流机制，丰富和深化创新对话机制，扩大对话范围，围绕研发合作、创新政策、技术标准、知识产权、跨国并购等开展深度沟通。加强与非洲、拉美等地区的科技合作。扩大科技援助规模，创新援助方式，支持发展中国家加强科技创新能力建设。

加大国家科技计划开放力度，支持海外专家牵头或参与国家科技计划项目，参与国家科技计划与专项的战略研究、指南制定和项目评审等工作。与国外共设创新基金或合作计划。实施更加积极的人才引进政策，加快推进签证制度改革，围绕国家重大需求面向全球引进首席科学家等高层次科技创新人才，健全对外创新合作的促进政策和服务体系。

专栏27　科技创新开放合作机制

1. 创新对话。加强与主要国家、重要国际组织和多边机制围绕政策制定、科学合作和技术交流平台、重大国际研发任务等内容开展对话合作。鼓励和支持产业界深度参与，增进创新政策和实践交流，加深与高级别人文交流的有机衔接，拓展双边外交的新形态。

2. 科技伙伴计划。继续拓展中国—非洲科技伙伴计划、中国—东盟科技伙伴计划、中国—南亚科技伙伴计划、中国—上合组织科技伙伴计划、中国—金砖国家科技创新合作框架计划及中国—拉美科技伙伴计划，筹备启动中国—阿拉伯国家科技伙伴计划，打造与相关国家务实高效、充满活力的新型科技伙伴关系，重点加强科技人才培养、共建联合实验室（联合研究中心）、共建科技园区、共建技术示范推广基地、共建技术转移中心、推动科技资源共享、科技政策规划与咨询等方面的合作。

二、促进创新资源双向开放和流动

围绕国家重大科技需求，与相关领域具有创新优势的国家合作建设一批联合研究中心和国际技术转移中心。提升企业发展的国际化水平，鼓励有实力的企业采取多种方式开展国际科技创新合作，支持企业在海外设立研发中心、参与国际标准制定，推动装备、技术、标准、服务走出去。鼓励外商投资战略性新兴产业、高新技术产业、现代服务业，鼓励国外跨国公司、研发机构、研究型大学在华设立或合作设立高水平研发机构和技术转移中心。充分发挥国际科技合作基地的作用，与优势国家在相关领域合作建设高层次联合研究中心。推动我国科研机构和企业采取与国际知名科研机构、跨国公司联合组建等多种方式设立海外研发机构。发挥区域创新优势，推动地方建立国际科技创新合作中心。加强创新创业国际合作，深化科技人员国际交流，吸引海外杰出青年科学家来华工作、交流，开展国际青少年科普活动等。

专栏28　科技资源双向流动和开放

1. 政府间科技合作。完善政府间科技合作机制，落实双多边科技合作协定及涵盖科技合作的各类协议。分类部署与大国、周边国家、其他发达和发展中国家、国际组织和多边机制的科技合作。开展重大政府间合作。共同资助开展联合研发。支持科技人员交流。

2. 重大国际科技创新合作。重点推动农业农村、城镇化及城市发展、清洁能源和可再生能源、新一代电子信息及网络技术、地球观测与导航、新材料、先进制造、交通运输、资源环境、生物技术、海洋与极地、人口与健康、公共安全等领域的重大国际合作。促进在环保、气象预测、种质资源等领域的技术和设备引进，解决重大、核心和关键技术问题。

续表

> 3. 国家国际科技合作基地。加强国际科技合作基地联盟建设。支持基地开展联合研究。开展国际培训、人才培养和信息服务。优化合作平台的集群建设。建立以国际科技与创新合作成果为导向的国际科技合作基地评估动态调整和重点资助机制。

三、加强与港澳台的科技创新合作

发挥港澳地区的独特科技优势和开放平台作用，利用港澳科技合作委员会机制，促进内地与港澳科技合作机制化与制度化。组织实施高水平科技创新合作项目，共建研发基地。推进科研设施向港澳台开放，支持港澳台青年科学家到内地开展短期合作研究，以互利共赢方式深化科技交流。充分发挥海峡西岸经济区、中国（福建）自由贸易试验区、平潭综合实验区、福厦泉国家自主创新示范区、昆山深化两岸产业合作试验区等的先行先试作用，打造科技创新合作平台。加快构建大陆与台湾、内地与港澳联合研发、人文交流、知识产权、技术转移转化等综合性合作平台。以高新区和大学科技园等为载体，深化和拓展与港澳台地区高等学校、科研院所、企业间科技研发和创新创业的合作。

专栏 29　与港澳台科技创新合作重点

> 加强内地与港澳、大陆与台湾青年人创新创业及科技园区合作；出台优惠政策，为港澳台地区青年人来内地创新创业提供便利条件；鼓励和组织港澳台青年参加各类创新创业大赛和训练营活动；推动内地科技园区、众创空间与港澳台地区相关机构合作，扩大北京、天津、上海、广东与香港科技园的合作空间；支持内地大学与港澳大学合办大学科技园。

四、深度参与全球创新治理

积极参与重大国际科技合作规则制定，围绕各国重大关切和全球性挑战，创制国际科技合作公共产品，加快推动全球大型科研基础设施共享，主动设置全球性议题，提升对国际科技创新的影响力和制度性话语权。加强和优化驻外科技机构和科技外交官的全球布局。发挥民间组织在促进国际科技创新合作中的作用。争取和吸引国际组织在我国落户，鼓励设立新的国际组织，支持和推荐更多的科学家等优秀人才到国际科技组织交流和任职。

第五篇 推动大众创业万众创新

顺应大众创业、万众创新的新趋势，构建支撑科技创新创业全链条的服务网络，激发亿万群众创造活力，增强实体经济发展的新动能。

第十五章 全面提升科技服务业发展水平

以满足科技创新需求和促进创新创业为导向，建立健全科技服务体系，全面提升科技服务业的专业化、网络化、规模化、国际化发展水平。

一、提升全链条科技服务能力

围绕创新链完善服务链，大力发展专业科技服务和综合科技服务。重点发展研究开发、技术转移、检验检测认证、创业孵化、知识产权、科技咨询等业态，基本形成覆盖科技创新全链条的科技服务体系。充分运用现代信息和网络技术，依托各类科技创新载体，整合科技服务资源，推动技术集成创新和商业模式创新，积极培育科技服务新业态。优化科技服务业区域和行业布局，促进各类科技服务机构优势互补和信息共享，提升面向创新主体的协同服务能力。建立健全科技服务的标准体系，促进科技服务业规范化发展。壮大科技服务市场主体，培育一批拥有知名品牌的科技服务机构和龙头企业，形成一批科技服务产业集群。采取多种方式对符合条件的科技服务企业予以支持，以政府购买服务、后补助等方式支持公共科技服务发展，鼓励有条件的地方采用创业券、创新券等方式引导科技服务机构为创新创业企业和团队提供高质量服务。

二、建立统一开放的技术交易市场体系

加强全国技术市场一体化布局，探索建立统一的技术交易规范和流程。发展多层次技术交易市场体系，推进国家技术转移区域中心建设，加快形成国家技术交易网络平台；鼓励地方完善区域技术交易服务平台，突出区域和产业发展特色，统筹区域技术交易平台资源。支持技术交易机构探索基于互联网的在线技术交易模式，加强各类创新资源集成，提供信息发布、融资并购、公开挂牌、竞价拍卖、咨询辅导等线上线下相结合的专业化服务。鼓励技术交易机构创新服务模式，发展技术交易信息增值服务，为企业提供跨领域、跨区域、全过程的集成服务。大力培育技术经纪人，引导技术交易机构向专业化、市场化、国际化发展。

三、促进科技服务业国际化发展

强化科技服务机构全球资源链接能力，支持科技服务机构"走出去"，通过海外并购、联合经营、设立分支机构等方式开拓国际市场。推动科技服务机构牵头组建以技术、专利、标准为纽带的国际化科技服务联盟。支持科技服务机构开展技术、人才等方面的国际交流合作，积极吸引国际科技服务人才来华工作、短期交流或举办培训。鼓励国外知名科技服务机构在我国设立分支机构或开展科技服务合作。支持国内科技服务机构与国外同行开展深层次合作，形成信息共享、资源分享、互联互通的国际科技服务协作网络。

第十六章　建设服务实体经济的创业孵化体系

围绕实体经济转型升级，加强专业化高水平的创新创业综合载体建设，完善创业服务功能，形成高效便捷的创业孵化体系。

一、建设各具特色的众创空间

推进众创空间向专业化、细分化方向发展，提升服务实体经济能力。围绕重点产业领域发展细分领域众创空间，促进成熟产业链与创新创业的结合，解决产业需求和行业共性技术难题。鼓励龙头骨干企业围绕主营业务方向建设众创空间，形成以龙头骨干企业为核心，高等学校、科研院所积极参与，辐射带动中小微企业成长发展的产业创新生态群落。鼓励高等学校、科研院所围绕优势专业领域建设以科技人员为核心、成果转移转化为主要功能的专业化众创空间，增加源头技术供给，为科技型创新创业提供专业化服务。国家高新区、国家级经济技术开发区、国家现代农业示范区等发挥重点区域创新创业要素集聚优势，打造一批具有本地特色的众创空间。

二、发展面向农村创业的"星创天地"

加大"星创天地"建设力度，以农业科技园区、高等学校新农村发展研究院、科技型企业、科技特派员创业基地、农民专业合作社等为载体,通过市场化机制、专业化服务和资本化运作方式,利用线下孵化载体和线上网络平台,面向科技特派员、大学生、返乡农民工、职业农民等打造融合科技示范、技术集成、融资孵化、创新创业、平台服务于一体的"星创天地",营造专业化、社会化、便捷化的农村科技创业服务环境,推进一二三产业融合。

三、完善创业孵化服务链条

构建创新创业孵化生态系统,充分发挥大学科技园、科技企业孵化器在大学生创业中的载体作用,引导企业、社会资本参与投资建设孵化器。促进天使投资与创业孵化紧密结合,推广"孵化+创投"、创业导师等孵化模式,探索基于互联网的新型孵化方式。加强创业孵化服务的衔接,支持建立"创业苗圃+孵化器+加速器"的创业孵化服务链条,鼓励开源社区、开发者社群等各类互助平台发展,为培育新兴产业提供源头支撑。构建区域间孵化网络,促进孵化器跨区域协同发展。促进互联网孵化平台与实体经济的骨干企业合作,实现实体经济与虚拟经济融合发展。加强创业培训,提升创业孵化从业人员的专业化能力。提高创业孵化机构国际化水平,加强海外科技人才离岸创业基地建设,吸引更多的国际创新创业资源。鼓励通过开展创新创业大赛和大学生挑战赛等活动,加强创新创业项目与投资孵化机构对接。支持知识产权服务机构为创业孵化提供全链条知识产权服务。

第十七章 健全支持科技创新创业的金融体系

发挥金融创新对创新创业的重要助推作用,开发符合创新需求的金融产品和服务,大力发展创业投资和多层次资本市场,完善科技和金融结合机制，提高直接融资比重，形成各类金融工具协同融合的科技金融生态。

一、壮大科技创业投资规模

发展天使投资、创业投资、产业投资，壮大创业投资和政府创业投资引导基金规模，强化对种子期、初创期创业企业的直接融资支持。全面实施国家科技成果转化引导基金，吸引优秀创业投资管理团队联合设立一批创业投资子基金。充分发挥国家新兴产业创业投资引导基金和国家中小企业发展基金的作用，带动社会资本支持高新技术产业发展。研究制定天使投资相关法规，鼓励和规范天使投资发展。引导保险资金投资创业投资基金，加大对外资创业投资企业的支持力度，引导境外资本投向创新领域。

二、发展支持创新的多层次资本市场

支持创新创业企业进入资本市场融资，完善企业兼并重组机制，鼓励发展多种形式的并购融资。深化创业板市场改革，健全适合创新型、成长型企业发展的制度安排，扩大服务实体经济覆盖面。强化全国中小企业股份转让系统融资、并购、交易等功能。规范发展区域性股权市场，增强服务小微企业能力。打通各类资本市场，加强不同层次资本市场在促进创新创业融资上的有机衔接。开发符合创新需求的金融服务，推进高收益债券及股债相结合的融资方式。发挥沪深交易所股权质押融资机制作用，支持符合条件的创新创业企业主要通过非公开方式发行公司信用类债券。支持符合条件的企业发行项目收益债，募集资金用于加大创新投入。加快发展支持节能环保等领域的绿色金融。

三、促进科技金融产品和服务创新

深化促进科技和金融结合试点，建立从实验研究、中试到生产的全过程、多元化和差异性的科技创新融资模式，鼓励和引导金融机构参与产学研合作创新。在依法合规、风险可控的前提下，支持符合创新特点的结构性、复合性金融产品开发，加大对企业创新活动的金融支持力度。选择符合条件的银行业金融机构，为创新创业企业提供股权和债权相结合的融资方式，与创业投资机构合作实现投贷联动，支持科技项目开展众包众筹。充分发挥政策性银行作用，在业务范围内加大对企业创新活动的支持力度。引导银行等金融机构创新信贷产品与金融服务，提高信贷支持创新的灵活性和便利性，支持民营银行面向中小微企业创新需求的金融产品创新。加快发展科技保险，鼓励保险机构发起或参与设立创业投资基金，探索保险资金支持重大科技项目和科技企业发展。推进知识产权证券化试点和股权众筹融资试点，探索和规范发展服务创新的互联网金融。建立知识产权质押融资市场化风险补偿机制，简化知识产权质押融资流程，鼓励有条件的地区建立科技保险奖补机制和再保险制度。开展专利保险试点，完善专利保险服务机制。推进各具特色的科技金融专营机构和服务中心建设，集聚科技资源和金融资源，打造区域科技金融服务品牌，鼓励高新区和自贸试验区开展科技金融先行先试。

第六篇　全面深化科技体制改革

紧紧围绕促进科技与经济社会发展深度融合，贯彻落实党中央、国务院关于深化科技体制改革的决策部署，加强重点改革措施实施力度，促进科技体制改革与其他领域改革的协调，增强创新主体能力，构建高效协同创新网络，最大限度激发科技第一生产力、创新第一动力的巨大潜能。

第十八章　深入推进科技管理体制改革

围绕推动政府职能从研发管理向创新服务转变，深化科技计划管理改革，加强科技创新管理基础制度建设，全面提升创新服务能力和水平。

一、健全科技创新治理机制

顺应创新主体多元、活动多样、路径多变的新趋势，推动政府管理创新，形成多元参与、协同高效的创新治理格局。转变政府职能，合理定位政府和市场功能，推动简政放权、放管结合、优化服务改革，强化政府战略规划、政策制定、环境营造、公共服务、监督评估和重大任务实施等职能，重点支持市场不能有效配置资源的基础前沿、社会公益、重大共性关键技术研究等公共科技活动，积极营造有利于创新创业的市场和社会环境。竞争性的新技术、新产品、新业态开发交由市场和企业来决定。合理确定中央各部门功能性分工，发挥行业主管部门在创新需求凝练、任务组织实施、成果推广应用等方面的作用。科学划分中央和地方科技管理事权，中央政府职能侧重全局性、基础性、长远性工作，地方政府职能侧重推动技术开发和转化应用。加快建立科技咨询支撑行政决策的科技决策机制，推进重大科技决策制度化。完善国家科技创新决策咨询制度，定期向党中央、国务院报告国内外科技创新动向，就重大科技创新问题提出咨询意见。建设高水平科技创新智库体系，发挥好院士群体、高等学校和科研院所高水平专家在战略规划、咨询评议和宏观决策中的作用。增强企业家在国家创新决策体系中的话语权，发挥各类行业协会、基金会、科技社团等在推动科技创新中的作用，健全社会公众参与决策机制。

二、构建新型科技计划体系

深入推进中央财政科技计划（专项、基金等）管理改革。按照国家自然科学基金、国家科技重大专项、国家重点研发计划、技术创新引导专项（基金）、基地和人才专项等五类科技计划重构国家科技计划布局，实行分类管理、分类支持。科技计划（专项、基金等）全部纳入统一的国家科技管理平台，完善国家科技计划（专项、基金等）管理部际联席会议运行机制，加强科技计划管理和重大事项统筹协调，充分发挥行业、部门和地方的作用。国家重点研发计划更加聚焦重大战略任务，根据国民经济和社会发展重大需求及科技发展优先领域，凝练形成若干目标明确、边界清晰的重点专项，从基础前沿、重大共性关键技术到应用示范进行全链条创新设计，一体化组织实施。分类整合技术创新引导专项（基金），通过市场机制引导社会资金和金融资本进入技术创新领域。加快推进基地和人才专项的整合与布局，深化国家科技重大专项管理改革，加强国家自然科学基金与其他科技计划的成果共享和工作对接。建立专业机构管理项目机制，加快建设运行公开透明、制度健全规范、管理公平公正的专业机构，提高专业化管理水平和服务效率。建立统一的国家科技计划监督评估机制，制定监督评估通则和标准规范，强化科技计划实施和经费监督检查，开展第三方评估。

三、进一步完善科研项目和资金管理

进一步完善科研项目和资金管理，建立符合科研规律、高效规范的管理制度，解决简单套用行政预算和财务管理方法管理科技资源等问题，让经费为人的创造性活动服务，促进形成充满活力的科研项目和资金管理机制,以深化改革更好地激发广大科研人员积极性。制定和修订相关计划管理办法和经费管理办法,改进和规范项目管理流程,精简程序、简化手续。建立科研财务助理制度。完善科研项目间接费用管理,加大绩效激励力度,落实好项目承担单位项目预算调剂权。完善稳定支持和竞争性支持相协调的机制,加大稳定支持力度,支持研究机构自主布局科研项目,扩大高等学校、科研院所学术自主权和个人科研选题选择权。在基础研究领域建立包容和支持非共识创新项目的制度。

四、强化科技管理基础制度建设

建立统一的国家科技管理信息系统,对科技计划实行全流程痕迹管理。全面实行国家科技报告制度,建立科技报告共享服务机制,将科技报告呈交和共享情况作为对项目承担单位后续支持的依据。完善科研信用管理制度,建立覆盖项目决策、管理、实施主体的逐级考核问责机制。推进国家创新调查制度建设,发布国家、区域、高新区、企业等创新能力监测评价报告。建立技术预测长效机制,加强对我国技术发展水平的动态评价和国家关键技术选择。进一步完善科技统计制度。

五、完善创新导向的评价制度

改革科技评价制度,建立以科技创新质量、贡献、绩效为导向的分类评价体系,正确评价科技创新成果的科学价值、技术价值、经济价值、社会价值、文化价值。推进高等学校和科研院所分类评价,实施绩效评价,把技术转移和科研成果对经济社会的影响纳入评价指标,将评价结果作为财政科技经费支持的重要依据。推行第三方评价,探索建立政府、社会组织、公众等多方参与的评价机制，拓展社会化、专业化、国际化评价渠道。完善国民经济核算体系，逐步探索将反映创新活动的研发支出纳入GDP核算，反映无形资产对经济的贡献，突出创新活动的投入和成效。改革完善国有企业评价机制，把研发投入和创新绩效作为重要考核指标。

六、增强民用技术对国防建设的支持

深入贯彻落实军民融合发展战略，推动形成全要素、多领域、高效益的军民科技创新深度融合格局。加强科技领域统筹，在国家研发任务安排中贯彻国防需求，把研发布局调整同国防布局完善有机结合起来，推进国家科技和国防科技在规划、计划层面的统筹协调，建立完善军民重大任务联合论证、共同实施的新机制，为国防建设提供更加强大的技术支撑。充分发挥高等学校、科研院所的优势，积极引导鼓励优势民口科研力量参与国防重大科技创新任务。打通阻碍转化的关键环节，加强评估引导，为军用技术向民用技术转化提供良好政策环境。持续推进技术标准、科研条件平台统筹布局和开放共享，增强对科技创新和国防建设的整体支撑能力，大力提升军民科技创新融合发展水平。

第十九章　强化企业创新主体地位和主导作用

深入实施国家技术创新工程，加快建设以企业为主体的技术创新体系。以全面提升企业创新能力为核心，引导各类创新要素向企业集聚，不断增强企业创新动力、创新活力、创新实力，使创新转化为实实在在的产业活动，形成创新型领军企业"顶天立地"、科技型中小微企业"铺天盖地"的发展格局。

一、培育创新型领军企业

加强创新型企业建设,培育一批有国际影响力的创新型领军企业。推进创新企业百强工程。吸引更多企业参与研究制定国家科技创新规划、计划、政策和标准,支持企业牵头联合高等学校、科研机构承担国家科技计划项目。充分发挥政策的激励引导作用,开展龙头企业转型试点,鼓励企业加大研发投入,推动设备更新和新技术广泛应用。建立健全国有企业技术创新的经营业绩考核制度,落实和完善国有企业研发投入视同利润的考核措施。鼓励建设高水平研究机构,在龙头骨干企业布局建设企业国家重点实验室等。支持有条件的企业开展基础研究和前沿技术攻关,推动企业向产业链高端攀升。鼓励在企业内部建设众创空间,引导职工进行技术创新。鼓励大中型企业通过投资职工创业开拓新的业务领域、开发创新产品,提升市场适应能力和创新能力。鼓励围绕创新链的企业兼并重组,推动创新型企业做大做强。聚焦经济转型升级和新兴产业发展,培育一批创新百强企业,促进企业快速壮大,强化引领带动作用,提升国际竞争力。

二、支持科技型中小微企业健康发展

发挥国家科技成果转化引导基金、国家中小企业发展基金、国家新兴产业创业投资引导基金等创业投资引导基金对全国创投市场培育和发展的引领作用,引导各类社会资本为符合条件的科技型中小微企业提供融资支持。制定和完善科技型中小微企业标准。落实中央财政科技计划(专项、基金等)管理改革,加强企业技术创新平台和环境建设,促进科技型中小微企业技术创新和改造升级。支持高成长性的科技型中小微企业发展,培育一批掌握行业"专精特新"技术的"隐形冠军"。推动形成一批专业领域技术创新服务平台，面向科技型中小微企业提供研发设计、检验检测、技术转移、大型共用软件、知识产权、人才培训等服务。探索通过政府购买服务等方式，引导技术创新服务平台建立有效运行的良好机制，为科技型中小微企业创新的不同环节、不同阶段提供集成化、市场化、专业化、网络化支撑服务。

三、深化产学研协同创新机制

坚持以市场为导向、企业为主体、政策为引导，推进政产学研用创紧密结合。完善科技计划组织管理方式，确立企业在产业导向的科技计划中决策者、组织者、投资者的功能实现方式，发挥国家科技计划作为资源配置和动员手段促进企业与高等学校、科研院所深度合作的作用。改革完善产业技术创新战略联盟形成和运行机制，按照自愿原则和市场机制，深化产学研、上中下游、大中小企业的紧密合作，促进产业链和创新链深度融合。加强产学研结合的中试基地和共性技术研发平台建设。在战略性领域探索企业主导、院校协作、多元投资、军民融合、成果分享的合作模式。允许符合条件的高等学校和科研院所科研人员经所在单位批准，带着科研项目和成果到企业开展创新工作和创办企业。开展高等学校和科研院所设立流动岗位吸引企业人才兼职试点，允许高等学校和科研院所设立一定比例流动岗位，吸引有创新实践经验的企业家和企业科技人才兼职。试点将企业任职经历作为高等学校新聘工程类教师的必要条件。

四、推动创新资源向企业集聚

发挥产业技术创新战略联盟在集聚产业创新资源、加快产业共性技术研发、推动重大科技成果应用等方面的重要作用，推动企业提升创新能力。支持企业引进海外高层次人才，加强专业技术人才和高技能人才队伍建设。实施创新驱动助力工程，通过企业院士专家工作站、博士后工作站、科技特派员等多种方式，引导科技人员服务企业。健全科技资源开放共享制度，加强国家重大科技基础设施和大型仪器设备面向企业的开放共享，加强区域性科研设备协作，提高对企业技术创新的支撑服务能力。

第二十章　建立高效研发组织体系

深化科研组织体系改革，全面提升高等学校创新能力，加快建设有特色高水平科研院所，培育面向市场的新型研发机构，完善科研运行管理机制，形成高效的研发组织体系。

一、全面提升高等学校创新能力

统筹推进世界一流大学和一流学科建设，系统提升人才培养、学科建设、科技研发、社会服务协同创新能力，增强原始创新能力和服务经济社会发展能力，扩大国际影响力。强化行业特色高等学校主干学科和办学特色。加强区域内高等学校科研合作、学术交流和资源开放共享，面向市场需求开展应用技术研发。加快中国特色现代大学制度建设，落实和扩大高等学校法人自主权，统筹推进教育创新、科技创新、体制创新、开放创新和文化创新，激发高等学校办学动力和活力。深化高等学校科研体制机制改革，推进科教紧密融合，开展高等学校科研组织方式改革试点。以产教融合、科教协同为原则推进研究生培养改革，鼓励开展案例式、互动式、启发式教学，培养富有创新精神和实践能力的各类创新型、应用型、复合型优秀人才。改革完善高等学校创新能力提升计划组织实施方式，加强协同创新中心建设。

专栏 30　高等学校创新能力提升计划

面向国家重大需求，加强协同创新中心建设顶层设计，促进多学科交叉融合，推动高等学校、科研院所和企业协同创新。完善经费、政策支持机制，调整认定机制，组织开展"2011 协同创新中心"绩效评估，建立激励和退出机制，建成能进能出、动态调整的质量保障体系。

二、加快建设有特色高水平科研院所

加快科研院所分类改革，建立健全现代科研院所制度。按照事业单位分类改革方案，继续深化公益类科研院所改革，建设完善法人治理结构，推动科研机构实行章程管理，健全规章制度体系，逐步推进科研去行政化，增强在基础前沿和行业共性关键技术研发中的骨干引领作用。建立科研机构创新绩效评价制度，研究完善科研机构绩效拨款机制。坚持开发类科研院所企业化转制方向，按照承担行业共性科研任务、生产经营活动等不同情况，实行分类改革、分类管理、分类考核。落实和扩大科研院所法人自主权。实施中科院率先行动计划，发挥其集科研院所、学部、教育机构于一体的优势，探索中国特色国家现代科研院所制度。

专栏 31　中科院率先行动计划

加快推进建设一批面向国家重大需求的创新研究院、面向世界科技前沿的卓越创新中心与大科学研究中心、面向国民经济主战场的特色研究所，形成旗舰团队，率先实现科学技术跨越发展、率先建成国家创新人才高地、率先建成国家高水平科技智库、率先建设国际一流科研机构，成为抢占国际科技制高点的重要战略创新力量。

三、培育发展新型研发机构

发展面向市场的新型研发机构，围绕区域性、行业性重大技术需求，形成跨区域跨行业的研发和服务网络。积极推广众包、用户参与设计、云设计等新型研发组织模式，鼓励研发类企业专业化发展，积极培育市场化新型研发组织、研发中介和研发服务外包新业态。对民办科研机构等新型研发组织，在承担国家科技任务、人才引进等方面与同类公办科研机构实行一视同仁的支持政策。制定鼓励社会化新型研发机构发展的意见，探索非营利性运行模式。

第二十一章 完善科技成果转移转化机制

实施促进科技成果转移转化行动，进一步破除制约科技成果转移转化的体制机制障碍，完善相关配套措施，强化技术转移机制建设，加强科技成果权益管理改革，激发科研人员创新创业活力。

一、建立健全技术转移组织体系

推动高等学校、科研院所建立健全技术转移工作体系和机制，加强专业化科技成果转化队伍建设，优化科技成果转化流程，通过本单位负责技术转移工作的机构或者委托独立的科技成果转化服务机构开展技术转移。鼓励高等学校、科研院所在不增加编制的前提下建设专业化技术转移机构，培育一批运营机制灵活、专业人才集聚、服务能力突出、具有国际影响力的国家技术转移机构。建立高等学校和科研院所科技成果与市场对接转化渠道，推动科技成果与产业、企业技术创新需求有效对接。支持企业与高等学校、科研院所联合设立研发机构或技术转移机构，共同开展研究开发、成果应用与推广、标准研究与制定等。建立和完善国家科技计划形成科技成果的转化机制，发布转化一批符合产业转型升级方向、投资规模与产业带动作用显著的科技成果包，增强产业创新发展的技术源头供给。建立国家科技成果信息系统，加强各类科技成果信息汇交，鼓励开展科技成果数据挖掘与开发利用。

二、深化科技成果权益管理改革

落实高等学校、科研院所对其持有的科技成果可以自主决定转让、许可或者作价投资的权利，除涉及国家秘密、国家安全外，不需审批或者备案。高等学校、科研院所有权依法以持有的科技成果作价入股确认股权和出资比例，并通过发起人协议、投资协议或者公司章程等形式对科技成果的权属、作价、折股数量或者出资比例等事项明确约定，明晰产权。科技成果转化所获得的收入全部留归单位，扣除对完成和转化职务科技成果作出重要贡献人员的奖励和报酬后，应当主要用于科学技术研究与成果转化等相关工作，并对技术转移机构的运行和发展给予保障。进一步探索推进科技成果归属权益改革。建立健全科技成果向境外转移管理制度。

三、完善科技成果转化激励评价制度

积极引导符合条件的国有科技型企业实施股权和分红激励政策，落实国有企业事业单位成果转化奖励的相关政策。完善职务发明制度，推动修订专利法、公司法，完善科技成果、知识产权归属和利益分享机制。高等学校、科研院所对科技成果转化中科技人员的奖励应不低于净收入的50%，在研究开发和科技成果转化中作出主要贡献的人员获得奖励的份额不低于奖励总额的50%。对于担任领导职务的科技人员获得科技成果转化奖励，按照分类管理的原则执行。健全职务发明的争议仲裁和法律救济制度。

高等学校、科研院所的主管部门以及财政、科技等相关部门,在对单位进行绩效考评时应当将科技成果转化的情况作为评价指标之一。加大对科技成果转化绩效突出的高等学校、科研院所及人员的支持力度,相关主管部门以及财政、科技等相关部门根据单位科技成果转化年度报告情况等,对单位科技成果转化绩效予以评价,并将评价结果作为对单位予以支持的依据之一。高等学校、科研院所制定激励制度,对业绩突出的专业化技术转移机构给予奖励。高等学校、科研院所应向主管部门报送科技成果转化年度报告。

四、强化科技成果转化市场化服务

以"互联网+"科技成果转移转化为核心,以需求为导向,打造线上与线下相结合的国家技术交易网络平台,提供信息发布、融资并购、公开挂牌、竞价拍卖、咨询辅导等专业化服务。完善技术转移区域中心、国际技术转移中心布局与功能,支持地方和有关机构建立完善区域性、行业性技术市场,打造链接国内外技术、资本、人才等创新资源的技术转移网络。完善技术产权交易、知识产权交易等各类平台功能,促进科技成果与资本的有效对接。支持有条件的技术转移机构与天使投资、创业投资等开展设立投资基金等合作,加大对科技成果转化项目的投资力度。

五、大力推动地方科技成果转移转化

健全省、市、县三级科技成果转化工作网络,强化科技管理部门开展科技成果转移转化工作职能。以创新资源集聚、工作基础好的省区市为主导,依托国家自主创新示范区、高新区、农业科技园区、创新型城市等,建设国家科技成果转移转化示范区，探索形成一批可复制、可推广的工作经验与模式。支持地方建设通用性或行业性技术创新服务平台，搭建科技成果中试与产业化载体，开展研发设计、中试熟化、检验检测、知识产权、投融资等服务。

专栏32 促进科技成果转移转化行动

> 推动一批见效快、产业升级带动力强的重大科技成果转化应用，显著提高企业、高等学校和科研院所科技成果转移转化能力，进一步健全市场化的技术交易服务体系，推动科技型创新创业，发展壮大专业化技术转移人才队伍，建立完善多元化的科技成果转移转化投入渠道，全面建成功能完善、运行高效、市场化的科技成果转移转化体系。

第七篇 加强科普和创新文化建设

全面提升公民科学素质，加强科普基础设施建设，加快科学精神和创新文化的传播塑造，使公众能够更好地理解、掌握、运用和参与科技创新，进一步夯实创新发展的群众和社会基础。

第二十二章 全面提升公民科学素质

深入实施全民科学素质行动计划纲要，以青少年、农民、城镇劳动者、领导干部和公务员等为重点人群，按照中国公民科学素质基准，以到2020年我国公民具备科学素质比例超过10%为目标，广泛开展科技教育、传播与普及，提升全民科学素质整体水平。

一、加强面向青少年的科技教育

以增强科学兴趣、创新意识和学习实践能力为主，完善基础教育阶段的科学教育。拓展校外青少年科技教育渠道，鼓励青少年广泛参加科技活动，推动高等学校、科研院所、科技型企业等面向青少年开放实验室等教学、科研设施。巩固农村义务教育普及成果，提高农村中小学科技教育质量，为农村青少年提供更多接受科技教育和参加科普活动的机会。以培养劳动技能为主，加强中等职业学校科技教育，推动科技教育与创新创业实践进课堂进教材。完善高等教育阶段的科技教育，支持在校大学生开展创新性实验、创业训练和创业实践项目。广泛开展各类科技创新类竞赛等活动。

二、提升劳动者科学文化素质

大力开展农业科技教育培训，全方位、多层次培养各类新型职业农民和农村实用技术人才。广泛开展形式多样的农村科普活动，大力普及绿色发展、安全健康、耕地保护、防灾减灾等科技知识和观念，传播科学理念，反对封建迷信，帮助农民养成科学健康文明的生产生活方式。加强农村科普公共服务建设，提升乡镇村寨科普服务能力。完善专业技术人员继续教育制度，加强专业技术人员继续教育工作。构建以企业为主体、职业院校为基础，各类培训机构积极参与、公办与民办并举的职业培训和技能人才培养体系。广泛开展进城务工人员培训教育，推动职业技能、安全生产、信息技术等知识和观念的广泛普及。强化社区科普公共服务，广泛开展社区科技教育、传播与普及活动。开展老年人科技传播与科普服务，促进健康养老、科学养老。

三、提高领导干部科学决策和管理水平

把科技教育作为领导干部和公务员培训的重要内容，突出科技知识和科学方法的学习培训以及科学思想、科学精神的培养。丰富学习渠道和载体,引导领导干部和公务员不断提升科学管理能力和科学决策水平。积极利用网络化、智能化、数字化等教育培训方式,扩大优质科普信息覆盖面,满足领导干部和公务员多样化学习需求。不断完善领导干部考核评价机制,在领导干部考核和公务员录用中体现科学素质的要求。制定并不断完善领导干部和公务员科学素质监测、评估标准。提高领导干部和公务员的科技意识、科学决策能力、科学治理水平和科学生活素质。广泛开展针对领导干部和公务员的院士专家科技讲座、科普报告等各类科普活动。

第二十三章　加强国家科普能力建设

完善国家科普基础设施体系,大力推进科普信息化,推动科普产业发展,促进创新创业与科普相结合,提高科普基础服务能力和水平。

一、强化科普基础设施和科普信息化建设

加强科普基础设施的系统布局,推进国家科普示范基地和国家特色科普基地建设,提升科普基础设施服务能力,实现科普公共服务均衡发展。进一步建立完善以实体科技馆为基础,科普大篷车、流动科技馆、学校科技馆、数字科技馆为延伸,辐射基层科普设施的中国特色现代科技馆体系。加强基层科普设施建设,因地制宜建设一批具备科技教育、培训、展示等多功能的开放性、群众性科普活动场所和科普设施。提高各级各类科普基地的服务能力和水平,提高中小科技场馆的科普业务水平。研究制定科普基础设施标准和评估体系,加强运行和服务监测评估。推动中西部地区和地市级科普基础设施建设。

大力推进科普信息化。推进信息技术与科技教育、科普活动融合发展，推动实现科普理念和科普内容、传播方式、运行和运营机制等服务模式的不断创新。以科普的内容信息、服务云、传播网络、应用端为核心，构建科普信息化服务体系。加大传统媒体的科技传播力度，发挥新兴媒体的优势，提高科普创作水平，创新科普传播形式，推动报刊、电视等传统媒体与新兴媒体在科普内容、渠道、平台、经营和管理上的深度融合，实现包括纸质出版、网络传播、移动终端传播在内的多渠道全媒体传播。推动科普信息应用，提升大众传媒的科学传播质量，满足公众科普信息需求。适应现代科普发展需求，壮大专兼职科普人才队伍，加强科普志愿者队伍建设，推动科普人才知识更新和能力培养。

二、提升科普创作能力与产业化发展水平

加强优秀科普作品的创作，推动产生一批水平高、社会影响力大的原创科普精品。开展全国优秀科普作品、微视频评选推介等活动，加强对优秀科普作品的表彰、奖励。创新科普讲解方式，提升科普讲解水平，增强科学体验效果。鼓励和引导科研机构、科普机构、企业等提高科普产品研发能力，推动科技创新成果向科普产品转化。以多元化投资和市场化运作的方式，推动科普展览、科普展教品、科普图书、科普影视、科普玩具、科普旅游、科普网络与信息等科普产业的发展。鼓励建立科普园区和产业基地，培育一批具有较强实力和较大规模的科普设计制作、展览、服务企业，形成一批具有较高知名度的科普品牌。

三、促进创新创业与科普结合

推进科研与科普的结合。在国家科技计划项目实施中进一步明确科普义务和要求，项目承担单位和科研人员要主动面向社会开展科普服务。推动高等学校、科研机构、企业向公众开放实验室、陈列室和其他科技类设施，充分发挥天文台、野外台站、重点实验室和重大科技基础设施等高端科研设施的科普功能，鼓励高新技术企业对公众开放研发设施、生产设施或展览馆等，推动建设专门科普场所。

促进创业与科普的结合。鼓励和引导众创空间等创新创业服务平台面向创业者和社会公众开展科普活动。推动科普场馆、科普机构等面向创新创业者开展科普服务。鼓励科研人员积极参与创新创业服务平台和孵化器的科普活动，支持创客参与科普产品的设计、研发和推广。结合重点科普活动，加强创新创业代表性人物和事迹的宣传。

第二十四章　营造激励创新的社会文化氛围

营造崇尚创新的文化环境，加快科学精神和创新价值的传播塑造，动员全社会更好理解和投身科技创新。营造鼓励探索、宽容失败和尊重人才、尊重创造的氛围，加强科研诚信、科研道德、科研伦理建设和社会监督，培育尊重知识、崇尚创造、追求卓越的创新文化。

一、大力弘扬科学精神

把弘扬科学精神作为社会主义先进文化建设的重要内容。大力弘扬求真务实、勇于创新、追求卓越、团结协作、无私奉献的科学精神。鼓励学术争鸣，激发批判思维，提倡富有生气、不受约束、敢于发明和创造的学术自由。引导科技界和科技工作者强化社会责任，报效祖国，造福人民，在践行社会主义核心价值观、引领社会良好风尚中率先垂范。

坚持制度规范和道德自律并举原则，建设教育、自律、监督、惩治于一体的科研诚信体系。积极开展科研诚信教育和宣传。完善科研诚信的承诺和报告制度等，明确学术不端行为监督调查惩治主体和程序，加强监督和对科研不端行为的查处力度和曝光力度。实施科研严重失信行为记录制度，对于纳入严重失信记录的责任主体，在项目申报、职位晋升、奖励评定等方面采取限制措施。发挥科研机构和学术团体的自律功能，引导科技人员加强自我约束、自我管理。加强对科研诚信、科研道德的社会监督，扩大公众对科研活动的知情权和监督权。倡导负责任的研究与创新，加强科研伦理建设，强化科研伦理教育，提高科技工作者科研伦理规范意识，引导企业在技术创新活动中重视和承担保护生态、保障安全等社会责任。

二、增进科技界与公众的互动互信

加强科技界与公众的沟通交流，塑造科技界在社会公众中的良好形象。在科技规划、技术预测、科技评估以及科技计划任务部署等科技管理活动中扩大公众参与力度，拓展有序参与渠道。围绕重点热点领域积极开展科学家与公众对话，通过开放论坛、科学沙龙和展览展示等形式，创造更多科技界与公众交流的机会。加强科技舆情引导和动态监测，建立重大科技事件应急响应机制，抵制伪科学和歪曲、不实、不严谨的科技报道。

三、培育企业家精神与创新文化

大力培育中国特色创新文化，增强创新自信，积极倡导敢为人先、勇于冒尖、宽容失败的创新文化，形成鼓励创新的科学文化氛围，树立崇尚创新、创业致富的价值导向，大力培育企业家精神和创客文化，形成吸引更多人才从事创新活动和创业行为的社会导向，使谋划创新、推动创新、落实创新成为自觉行动。引导创新创业组织建设开放、平等、合作、民主的组织文化，尊重不同见解，承认差异，促进不同知识、文化背景人才的融合。鼓励创新创业组织建立有效激励机制，为不同知识层次、不同文化背景的创新创业者提供平等的机会，实现创新价值的最大化。鼓励建立组织内部众创空间等非正式交流平台，为创新创业提供适宜的软环境。加强科技创新宣传力度，报道创新创业先进事迹，树立创新创业典型人物，进一步形成尊重劳动、尊重知识、尊重人才、尊重创造的良好风尚。加快完善包容创新的文化环境，形成人人崇尚创新、人人渴望创新、人人皆可创新的社会氛围。

第八篇　强化规划实施保障

强化各级政府部门在规划实施中的职责，充分调动科技界和社会各界的积极性和创造性，从政策法规、资源配置、监督评估等方面完善任务落实机制，确保规划实施取得明显成效。

第二十五章　落实和完善创新政策法规

围绕营造良好创新生态，强化创新的法治保障，加大普惠性政策落实力度，加强创新链各环节政策的协调和衔接，形成有利于创新发展的政策导向。

一、强化创新法治保障

健全保护创新的法治环境，加快薄弱环节和领域的立法进程，修改不符合创新导向的法规文件，废除制约创新的制度规定，构建综合配套法治保障体系。研究起草规范和管理政府科研机构、科技类民办非企业单位等的法规，合理调整和规范科技创新领域各类主体的权利义务关系。推动科技资源共享立法，研究起草科学数据保护与共享等法规，强化财政资助形成的科技资源开放共享义务。研究制定规范和管理科研活动的法规制度，完善科学共同体、企业、社会公众等共同参与科技创新管理的规范。加强生物安全等特定领域立法，加快制定《人类遗传资源管理条例》，加快修订《国家科学技术奖励条例》、《实验动物管理条例》等，研究制定天使投资管理相关法规，完善和落实政府采购扶持中小企业发展的相关法规政策。深入推进《中华人民共和国科学技术进步法》、《中华人民共和国促进科技成果转化法》、《中华人民共和国科学技术普及法》等的落实，加大宣传普及力度，加强法规落实的监督评估。鼓励地方结合实际，修订制定相关科技创新法规。

二、完善支持创新的普惠性政策体系

发挥市场竞争激励创新的根本性作用，营造公平、开放、透明的市场环境，强化产业政策对创新的引导，促进优胜劣汰，增强市场主体创新动力。坚持结构性减税方向，逐步将国家对企业技术创新的投入方式转变为以普惠性财税政策为主。加大研发费用加计扣除、高新技术企业税收优惠、固定资产加速折旧等政策的落实力度，推动设备更新和新技术利用。对包括天使投资在内的投向种子期、初创期等创新活动的投资，统筹研究相关税收支持政策。研究扩大促进创业投资企业发展的税收优惠政策，适当放宽创业投资企业投资高新技术企业的条件限制。

通过落实税收优惠、保险、价格补贴和消费者补贴等，促进新产品、新技术的市场化规模化应用。加强新兴产业、新兴业态相关政策研究。强化政策培训，完善政策实施程序，切实扩大政策覆盖面。落实引进技术的消化吸收和再创新政策。及时总结区域创新改革试点政策，加大推广力度。加强政策落实的部门协调机制，加强对政策实施的监测评估。

三、深入实施知识产权战略

加快建设知识产权强国，加强知识产权创造、运用、管理、保护和服务。完善知识产权法律法规，加强知识产权保护，加大对知识产权侵权行为的惩处力度，提高侵权损害赔偿标准，探索实施惩罚性赔偿制度，降低维权成本。研究商业模式等新形态创新成果的知识产权保护办法。健全知识产权侵权查处机制，强化行政执法与司法保护衔接，加强知识产权综合行政执法，将侵权行为信息纳入社会信用记录。建立知识产权海外维权援助机制。建立专利审批绿色通道。引导支持市场主体创造和运用知识产权，以知识产权利益分享机制为纽带，促进创新成果的知识产权化。实施中央财政科技计划（专项、基金等）的全流程知识产权管理，建立知识产权目标评估制度。构建服务主体多元化的知识产权服务体系，培育一批知识产权服务品牌机构。

四、持续推进技术标准战略

健全技术标准体系，统筹推进科技、标准、产业协同创新，健全科技成果转化为技术标准机制。加强基础通用和产业共性技术标准研制，加快新兴和融合领域技术标准研制，健全科技创新、专利保护与标准互动支撑机制。发挥标准在技术创新中的引导作用，及时更新标准，强化强制性标准制定与实施，逐步提高生产环节和市场准入的环保、节能、节水、节材、安全指标及相关标准，形成支撑产业升级的技术标准体系。开展军民通用标准的制定和整合，推动军用标准和民用标准双向转化，促进军用标准和民用标准兼容发展。充分发挥行业协会等的作用，大力培育发展团体标准，推行标准"领跑者"制度，培育发展标准化服务业，提升市场主体技术标准研制能力。促进标准体系的公开、开放和兼容，加强公平执法和严格执法。支持我国企业、联盟和社会组织参与或主导国际标准研制，推动中国标准"走出去"，提升中国标准国际影响力。

五、强化政策统筹协调

建立创新政策协调审查机制，组织开展创新政策清理，及时废止有违创新规律、阻碍新兴产业和新兴业态发展的政策条款，对新制定政策是否制约创新进行审查。加强科技体制改革与经济体制改革协调，强化顶层设计，加强科技政策与财税、金融、贸易、投资、产业、教育、知识产权、社会保障、社会治理等政策的协同，形成目标一致、部门协作配合的政策合力，提高政策的系统性、可操作性。加强中央和地方的政策协调，保证中央、地方政策相互支持和配合。建立创新政策调查和评价制度，广泛听取企业和社会公众意见，定期对政策落实情况进行跟踪分析，并及时调整完善。

第二十六章 完善科技创新投入机制

发挥好财政科技投入的引导激励作用和市场配置各类创新要素的导向作用，优化创新资源配置，引导社会资源投入创新，形成财政资金、金融资本、社会资本多方投入的新格局。

一、加强规划任务与资源配置衔接

改革国家科技创新战略规划和资源配置体制机制，围绕产业链部署创新链、围绕创新链完善资金链，聚焦国家战略目标，集中资源、形成合力，突破关系国计民生和经济命脉的重大关键科技问题。把规划作为科技任务部署的重要依据，形成规划引导资源配置的机制。

二、建立多元化科技投入体系

切实加大对基础性、战略性和公益性研究支持力度，完善稳定支持和竞争性支持相协调的机制。加强中央财政投入和地方创新发展需求衔接，引导地方政府加大科技投入力度。创新财政科技投入方式，加强财政资金和金融手段的协调配合，综合运用创业投资、风险补偿、贷款贴息等多种方式，充分发挥财政资金的杠杆作用，引导金融资金和民间资本进入创新领域，完善多元化、多渠道、多层次的科技投入体系。

三、提高科技投入配置效率

加强科技创新战略规划、科技计划布局设置、科技创新优先领域、重点任务、重大项目和年度计划安排的统筹衔接，加强科技资金的综合平衡。按照新五类中央财政科技计划（专项、基金等）布局，加强各类科技计划、各研发阶段衔接，优化科技资源在各类科技计划（专项、基金等）中的配置，按照各类科技计划（专项、基金等）定位和内涵配置科技资源。加强科研资金监管与绩效管理，建立科研资金信用管理制度，逐步建立财政科技资金的预算绩效评价体系，建立健全相应的绩效评价和监督管理机制。

第二十七章　加强规划实施与管理

加强组织领导，明确分工责任，强化规划实施中的协调管理，形成规划实施的强大合力与制度保障。

一、健全组织领导机制

在国家科技体制改革和创新体系建设领导小组的领导下，建立各部门、各地方协同推进的规划实施机制。各部门、各地方要依据本规划，结合实际，强化本部门、本地方科技创新部署，做好与规划总体思路和主要目标的衔接，做好重大任务分解和落实。充分调动和激发科技界、产业界、企业界等社会各界的积极性，最大限度地凝聚共识，广泛动员各方力量，共同推动规划顺利实施。

二、强化规划协调管理

编制一批科技创新专项规划，细化落实本规划提出的主要目标和重点任务，形成以"十三五"国家科技创新规划为统领、专项规划为支撑的国家科技创新规划体系。建立规划符合性审查机制，科技重大任务、重大项目、重大措施的部署实施，要与规划任务内容对标并进行审查。健全部门之间、中央与地方之间的工作会商与沟通协调机制，加强不同规划间的有机衔接。加强年度计划与规划的衔接，确保规划提出的各项任务落到实处。建立规划滚动编制机制，适时启动新一轮中长期科技创新规划战略研究与编制工作，加强世界科技强国重大问题研究。

三、加强规划实施监测评估

开展规划实施情况的动态监测和第三方评估，把监测和评估结果作为改进政府科技创新管理工作的重要依据。开展规划实施中期评估和期末总结评估,对规划实施效果作出综合评价,为规划调整和制定新一轮规划提供依据。在监测评估的基础上,根据科技创新最新进展和经济社会需求新变化,对规划指标和任务部署进行及时、动态调整。加强宣传引导,调动和增强社会各方面落实规划的主动性、积极性。

科技成果登记办法

关于印发《科技成果登记办法》的通知
国科发计字〔2000〕542 号

各省、自治区、直辖市、计划单列市科技厅（科委），新疆生产建设兵团科委，国务院各有关部委、直属机构、直属事业单位科技司（局），各有关单位：

为了贯彻落实中共中央、国务院《关于加强技术创新，发展高科技，实现产业化的决定》中"对于政府财政资金支持的科技项目，要充分运用知识产权信息资源，选准高起点，避免重复研究"的精神，科学技术部2000年第12次部务会议讨论通过《科技成果登记办法》，现印发给你们，请遵照执行。

科技部

二〇〇〇年十二月七日

第一条 为了增强财政科技投入效果的透明度，规范科技成果登记工作，保证及时、准确和完整地统计科技成果，为科技成果转化和宏观科技决策服务，制定本办法。

第二条 执行各级、各类科技计划（含专项）产生的科技成果应当登记；非财政投入产生的科技成果自愿登记；涉及国家秘密的科技成果，按照国家科技保密的有关规定进行管理，不按照本办法登记。

第三条 科学技术部管理指导全国的科技成果登记工作。

省、自治区、直辖市科学技术行政部门负责本地区的科技成果登记工作；国务院有关部门、直属机构、直属事业单位负责本部门的科技成果登记工作。

第四条 科技成果登记应当以客观、准确、及时为原则，充分利用现代信息技术，促进全国科技成果信息的交流。

第五条 省、自治区、直辖市科学技术行政部门和国务院有关部门、直属机构、直属事业单位科技成果管理机构授权的科技成果登记机构，对符合登记条件的科技成果予以登记。

第六条 科技成果完成人（含单位）可按直属或属地关系向相应的科技成果登记机构办理科技成果登记手续，不得重复登记。

两个或两个以上完成人共同完成的科技成果，由第一完成人办理登记手续。

第七条 科技成果登记应当同时满足下列条件：

（一）登记材料规范、完整；

（二）已有的评价结论持肯定性意见；

（三）不违背国家的法律、法规和政策。

第八条 办理科技成果登记应当提交《科技成果登记表》及下列材料：

（一）应用技术成果：相关的评价证明（鉴定证书或者鉴定报告、科技计划项目验收报告、行业准入证明、新产品证书等）和研制报告；或者知识产权证明（专利证书、植物品种权证书、软件登记证书等）和用户证明。

（二）基础理论成果：学术论文、学术专著、本单位学术部门的评价意见和论文发表后被引用的证明。

（三）软科学研究成果：相关的评价证明（软科学成果评审证书或验收报告等）和研究报告。

《科技成果登记表》格式由科学技术部统一制定。

第九条 科技成果登记机构对办理登记的科技成果进行形式审查,对符合条件的予以登记,出具登记证明。科技成果登记证明不作为确认科技成果权属的直接依据。

第十条 科技成果登记机构对已经登记的科技成果应当及时登录国家科技成果数据库,并在国家科技成果网站或者科学技术研究成果公报上公告。

第十一条 凡存在争议的科技成果,在争议未解决之前,不予登记;已经登记的科技成果,发现弄虚作假、剽窃、篡改或者以其他方式侵犯他人知识产权的,注销登记。

第十二条 科技成果登记机构的工作人员擅自使用、披露、转让所登记成果的技术秘密,侵犯他人知识产权的,追究相应的法律责任。

第十三条 省、自治区、直辖市科学技术行政部门,国务院有关部门、直属机构、直属事业单位可依照本办法制定实施细则。

第十四条 本办法自2001年1月1日起施行。1984年2月22日原国家科委(84)国科发成字141号文发布的《中华人民共和国国家科学技术委员会关于科学技术研究成果管理的规定》同时废止,本办法施行公布的有关规定与本办法规定不一致的,以本办法的规定为准。

科学技术保密规定

科学技术部 国家保密局令
第 16 号

根据《中华人民共和国保守国家秘密法》《中华人民共和国科学技术进步法》和《中华人民共和国保守国家秘密法实施条例》,现公布修订后的《科学技术保密规定》,自公布之日起施行。《科学技术保密规定》(原国家科学技术委员会、国家保密局 1995 年第 20 号令) 同时废止。

科学技术部部长
国家保密局局长
2015 年 11 月 16 日

第一章 总 则

第一条 为保障国家科学技术秘密安全,促进科学技术事业发展，根据《中华人民共和国保守国家秘密法》《中华人民共和国科学技术进步法》和《中华人民共和国保守国家秘密法实施条例》，制定本规定。

第二条 本规定所称国家科学技术秘密，是指科学技术规划、计划、项目及成果中，关系国家安全和利益，依照法定程序确定，在一定时间内只限一定范围的人员知悉的事项。

第三条 涉及国家科学技术秘密的国家机关、单位（以下简称机关、单位）以及个人开展保守国家科学技术秘密的工作（以下简称科学技术保密工作），适用本规定。

第四条 科学技术保密工作坚持积极防范、突出重点、依法管理的方针，既保障国家科学技术秘密安全，又促进科学技术发展。

第五条 科学技术保密工作应当与科学技术管理工作相结合，同步规划、部署、落实、检查、总结和考核，实行全程管理。

第六条 国家科学技术行政管理部门管理全国的科学技术保密工作。省、自治区、直辖市科学技术行政管理部门管理本行政区域的科学技术保密工作。

中央国家机关在其职责范围内，管理或者指导本行业、本系统的科学技术保密工作。

第七条 国家保密行政管理部门依法对全国的科学技术保密工作进行指导、监督和检查。县级以上地方各级保密行政管理部门依法对本行政区域的科学技术保密工作进行指导、监督和检查。

第八条 机关、单位应当实行科学技术保密工作责任制，健全科学技术保密管理制度，完善科学技术保密防护措施，开展科学技术保密宣传教育，加强科学技术保密检查。

第二章　国家科学技术秘密的范围和密级

第九条　关系国家安全和利益，泄露后可能造成下列后果之一的科学技术事项，应当确定为国家科学技术秘密：

（一）削弱国家防御和治安能力；

（二）降低国家科学技术国际竞争力；

（三）制约国民经济和社会长远发展；

（四）损害国家声誉、权益和对外关系。

国家科学技术秘密及其密级的具体范围（以下简称国家科学技术保密事项范围），由国家保密行政管理部门会同国家科学技术行政管理部门另行制定。

第十条　国家科学技术秘密的密级分为绝密、机密和秘密三级。国家科学技术秘密密级应当根据泄露后可能对国家安全和利益造成的损害程度确定。

除泄露后会给国家安全和利益带来特别严重损害的外，科学技术原则上不确定为绝密级国家科学技术秘密。

第十一条　有下列情形之一的科学技术事项，不得确定为国家科学技术秘密：

（一）国内外已经公开；

（二）难以采取有效措施控制知悉范围；

（三）无国际竞争力且不涉及国家防御和治安能力；

（四）已经流传或者受自然条件制约的传统工艺。

第三章 国家科学技术秘密的确定、变更和解除

第十二条 中央国家机关、省级机关及其授权的机关、单位可以确定绝密级、机密级和秘密级国家科学技术秘密；设区的市、自治州一级的机关及其授权的机关、单位可以确定机密级、秘密级国家科学技术秘密。

第十三条 国家科学技术秘密定密授权应当符合国家秘密定密管理的有关规定。中央国家机关作出的国家科学技术秘密定密授权，应当向国家科学技术行政管理部门和国家保密行政管理部门备案。省级机关，设区的市、自治州一级的机关作出的国家科学技术秘密定密授权，应当向省、自治区、直辖市科学技术行政管理部门和保密行政管理部门备案。

第十四条 机关、单位负责人及其指定的人员为国家科学技术秘密的定密责任人，负责本机关、本单位的国家科学技术秘密确定、变更和解除工作。

第十五条 机关、单位和个人产生需要确定为国家科学技术秘密的科学技术事项时，应当先行采取保密措施，并依照下列途径进行定密：

（一）属于本规定第十二条规定的机关、单位，根据定密权限自行定密；

（二）不属于本规定第十二条规定的机关、单位，向有相应定密权限的上级机关、单位提请定密；没有上级机关、单位的，向有相应定密权限的业务主管部门提请定密；没有业务主管部门的，向所在省、自治区、直辖市科学技术行政管理部门

提请定密；

（三）个人完成的符合本规定第九条规定的科学技术成果，应当经过评价、检测并确定成熟、可靠后，向所在省、自治区、直辖市科学技术行政管理部门提请定密。

第十六条 实行市场准入管理的技术或者实行市场准入管理的产品涉及的科学技术事项需要确定为国家科学技术秘密的，向批准准入的国务院有关主管部门提请定密。

第十七条 机关、单位在科学技术管理的以下环节，应当及时做好定密工作：

（一）编制科学技术规划；

（二）制定科学技术计划；

（三）科学技术项目立项；

（四）科学技术成果评价与鉴定；

（五）科学技术项目验收。

第十八条 确定国家科学技术秘密，应当同时确定其名称、密级、保密期限、保密要点和知悉范围。

第十九条 国家科学技术秘密保密要点是指必须确保安全的核心事项或者信息，主要涉及以下内容：

（一）不宜公开的国家科学技术发展战略、方针、政策、专项计划；

（二）涉密项目研制目标、路线和过程；

（三）敏感领域资源、物种、物品、数据和信息；

（四）关键技术诀窍、参数和工艺；

（五）科学技术成果涉密应用方向；

（六）其他泄露后会损害国家安全和利益的核心信息。

第二十条 国家科学技术秘密有下列情形之一的，应当及时变更密级、保密期限或者知悉范围：

（一）定密时所依据的法律法规或者国家科学技术保密事项范围已经发生变化的；

（二）泄露后对国家安全和利益的损害程度会发生明显变化的。

国家科学技术秘密的变更，由原定密机关、单位决定，也可由其上级机关、单位决定。

第二十一条 国家科学技术秘密的具体保密期限届满、解密时间已到或者符合解密条件的，自行解密。出现下列情形之一时，应当提前解密：

（一）已经扩散且无法采取补救措施的；

（二）法律法规或者国家科学技术保密事项范围调整后，不再属于国家科学技术秘密的；

（三）公开后不会损害国家安全和利益的。

提前解密由原定密机关、单位决定，也可由其上级机关、单位决定。

第二十二条 国家科学技术秘密需要延长保密期限的，应当在原保密期限届满前作出决定并书面通知原知悉范围内的机关、单位或者人员。延长保密期限由原定密机关、单位决定，也可由其上级机关、单位决定。

第二十三条 国家科学技术秘密确定、变更和解除应当进行备案：

（一）省、自治区、直辖市科学技术行政管理部门和中央国家机关有关部门每年12月31日前将本行政区域或者本部门当年确定、变更和解除的国家科学技术秘密情况报国家科学技术行政管理部门备案；

（二）其他机关、单位确定、变更和解除的国家科学技术秘密，应当在确定、变更、解除后 20 个工作日内报同级政府科学技术行政管理部门备案。

第二十四条　科学技术行政管理部门发现机关、单位国家科学技术秘密确定、变更和解除不当的，应当及时通知其纠正。

第二十五条　机关、单位对已定密事项是否属于国家科学技术秘密或者属于何种密级有不同意见的，按照国家有关保密规定解决。

第四章　国家科学技术秘密保密管理

第二十六条　国家科学技术行政管理部门管理全国的科学技术保密工作。主要职责如下：

（一）制定或者会同有关部门制定科学技术保密规章制度；

（二）指导和管理国家科学技术秘密定密工作；

（三）按规定审查涉外国家科学技术秘密事项；

（四）检查全国科学技术保密工作，协助国家保密行政管理部门查处泄露国家科学技术秘密案件；

（五）组织开展科学技术保密宣传教育和培训；

（六）表彰全国科学技术保密工作先进集体和个人。

国家科学技术行政管理部门设立国家科技保密办公室，负责国家科学技术保密管理的日常工作。

第二十七条　省、自治区、直辖市科学技术行政管理部门和中央国家机关有关部门，应当设立或者指定专门机构管理科学技术保密工作。主要职责如下：

（一）贯彻执行国家科学技术保密工作方针、政策，制定本行政区域、本部门或者本系统的科学技术保密规章制度；

（二）指导和管理本行政区域、本部门或者本系统的国家科学技术秘密定密工作；

（三）按规定审查涉外国家科学技术秘密事项；

（四）监督检查本行政区域、本部门或者本系统的科学技术保密工作，协助保密行政管理部门查处泄露国家科学技术秘密案件；

（五）组织开展本行政区域、本部门或者本系统科学技术保密宣传教育和培训；

（六）表彰本行政区域、本部门或者本系统的科学技术保密工作先进集体和个人。

第二十八条　机关、单位管理本机关、本单位的科学技术保密工作。主要职责如下：

（一）建立健全科学技术保密管理制度；

（二）设立或者指定专门机构管理科学技术保密工作；

（三）依法开展国家科学技术秘密定密工作，管理涉密科学技术活动、项目及成果；

（四）确定涉及国家科学技术秘密的人员（以下简称涉密人员），并加强对涉密人员的保密宣传、教育培训和监督管理；

（五）加强计算机及信息系统、涉密载体和涉密会议活动保密管理，严格对外科学技术交流合作和信息公开保密审查；

（六）发生资产重组、单位变更等影响国家科学技术秘密管理的事项时，及时向上级机关或者业务主管部门报告。

第二十九条　涉密人员应当遵守以下保密要求：

（一）严格执行国家科学技术保密法律法规和规章以及本机关、本单位科学技术保密制度；

（二）接受科学技术保密教育培训和监督检查；

（三）产生涉密科学技术事项时，先行采取保密措施，按规定提请定密，并及时向本机关、本单位科学技术保密管理机构报告；

（四）参加对外科学技术交流合作与涉外商务活动前向本机关、本单位科学技术保密管理机构报告；

（五）发表论文、申请专利、参加学术交流等公开行为前按规定履行保密审查手续；

（六）发现国家科学技术秘密正在泄露或者可能泄露时，立即采取补救措施，并向本机关、本单位科学技术保密管理机构报告；

（七）离岗离职时，与机关、单位签订保密协议，接受脱密期保密管理，严格保守国家科学技术秘密。

第三十条　机关、单位和个人在下列科学技术合作与交流活动中，不得涉及国家科学技术秘密：

（一）进行公开的科学技术讲学、进修、考察、合作研究等活动；

（二）利用互联网及其他公共信息网络、广播、电影、电视以及公开发行的报刊、书籍、图文资料和声像制品进行宣传、报道或者发表论文；

（三）进行公开的科学技术展览和展示等活动。

第三十一条　机关、单位和个人应当加强国家科学技术秘密信息保密管理，存储、处理国家科学技术秘密信息应当符合国家保密规定。任何机关、单位和个人不得有下列行为：

（一）非法获取、持有、复制、记录、存储国家科学技术秘密信息；

（二）使用非涉密计算机、非涉密存储设备存储、处理国家科学技术秘密；

（三）在互联网及其他公共信息网络或者未采取保密措施的有线和无线通信中传递国家科学技术秘密信息；

（四）通过普通邮政、快递等无保密措施的渠道传递国家科学技术秘密信息；

（五）在私人交往和通信中涉及国家科学技术秘密信息；

（六）其他违反国家保密规定的行为。

第三十二条 对外科学技术交流与合作中需要提供国家科学技术秘密的，应当经过批准，并与对方签订保密协议。绝密级国家科学技术秘密原则上不得对外提供，确需提供的，应当经中央国家机关有关主管部门同意后，报国家科学技术行政管理部门批准；机密级国家科学技术秘密对外提供应当报中央国家机关有关主管部门批准；秘密级国家科学技术秘密对外提供应当报中央国家机关有关主管部门或者省、自治区、直辖市人民政府有关主管部门批准。

有关主管部门批准对外提供国家科学技术秘密的，应当在10个工作日内向同级政府科学技术行政管理部门备案。

第三十三条 机关、单位开展涉密科学技术活动的，应当指定专人负责保密工作、明确保密纪律和要求，并加强以下方面保密管理：

（一）研究、制定涉密科学技术规划应当制定保密工作方案，签订保密责任书；

（二）组织实施涉密科学技术计划应当制定保密制度；

（三）举办涉密科学技术会议或者组织开展涉密科学技术展览、展示应当采取必要的保密管理措施，在符合保密要求的场所进行；

（四）涉密科学技术活动进行公开宣传报道前应当进行保密审查。

第三十四条 涉密科学技术项目应当按照以下要求加强保密管理：

（一）涉密科学技术项目在指南发布、项目申报、专家评审、立项批复、项目实施、结题验收、成果评价、转化应用及科学技术奖励各个环节应当建立保密制度；

（二）涉密科学技术项目下达单位与承担单位、承担单位与项目负责人、项目负责人与参研人员之间应当签订保密责任书；

（三）涉密科学技术项目的文件、资料及其他载体应当指定专人负责管理并建立台账；

（四）涉密科学技术项目进行对外科学技术交流与合作、宣传展示、发表论文、申请专利等，承担单位应当提前进行保密审查；

（五）涉密科学技术项目原则上不得聘用境外人员，确需聘用境外人员的，承担单位应当按规定报批。

第三十五条 涉密科学技术成果应当按以下要求加强保密管理：

（一）涉密科学技术成果在境内转让或者推广应用，应当报原定密机关、单位批准，并与受让方签订保密协议；

（二）涉密科学技术成果向境外出口，利用涉密科学技术成果在境外开办企业，在境内与外资、外企合作，应当按照本规定第三十二条规定报有关主管部门批准。

第三十六条 机关、单位应当按照国家规定，做好国家科学技术秘密档案归档和保密管理工作。

第三十七条 机关、单位应当为科学技术保密工作提供经费、人员和其他必要的保障条件。国家科学技术行政管理部门，省、自治区、直辖市科学技术行政管理部门应当将科学技术保密工作经费纳入部门预算。

第三十八条 机关、单位应当保障涉密人员正当合法权益。对参与国家科学技术秘密研制的科技人员，有关机关、单位不得因其成果不宜公开发表、交流、推广而影响其评奖、表彰和职称评定。

对确因保密原因不能在公开刊物上发表的论文，有关机关、单位应当对论文的实际水平给予客观、公正评价。

第三十九条 国家科学技术秘密申请知识产权保护应当遵守以下规定：

（一）绝密级国家科学技术秘密不得申请普通专利或者保密专利；

（二）机密级、秘密级国家科学技术秘密经原定密机关、单位批准可申请保密专利；

（三）机密级、秘密级国家科学技术秘密申请普通专利或者由保密专利转为普通专利的，应当先行办理解密手续。

第四十条 机关、单位对在科学技术保密工作方面作出贡献、成绩突出的集体和个人，应当给予表彰；对于违反科学技术保密规定的，给予批评教育；对于情节严重，给国家安全和利益造成损害的，应当依照有关法律、法规给予有关责任人员处分，构成犯罪的，依法追究刑事责任。

第五章　附　则

第四十一条　涉及国防科学技术的保密管理，按有关部门规定执行。

第四十二条　本规定由科学技术部和国家保密局负责解释。

第四十三条　本规定自公布之日起施行，1995年颁布的《科学技术保密规定》（国家科学技术委员会、国家保密局令第20号）同时废止。

全国普法学习读本

科学技术法律法规学习读本
科学技术普及法律法规

叶浦芳 主编

> 加大全民普法力度,建设社会主义法治文化,树立宪法法律至上、法律面前人人平等的法治理念。
> ——中国共产党第十九次全国代表大会《决胜全面建成小康社会 夺取新时代中国特色社会主义伟大胜利》

汕頭大學出版社

图书在版编目（CIP）数据

科学技术普及法律法规 / 叶浦芳主编. -- 汕头：汕头大学出版社，2023.4（重印）
（科学技术法律法规学习读本）
ISBN 978-7-5658-2941-3

Ⅰ.①科… Ⅱ.①叶… Ⅲ.①科学技术管理法规-中国-学习参考资料 Ⅳ.①D922.174

中国版本图书馆 CIP 数据核字（2018）第 035727 号

科学技术普及法律法规　　KEXUE JISHU PUJI FALÜ FAGUI

主　　编：	叶浦芳
责任编辑：	邹　峰
责任技编：	黄东生
封面设计：	大华文苑
出版发行：	汕头大学出版社
	广东省汕头市大学路 243 号汕头大学校园内　邮政编码：515063
电　　话：	0754-82904613
印　　刷：	三河市元兴印务有限公司
开　　本：	690mm×960mm 1/16
印　　张：	18
字　　数：	226 千字
版　　次：	2018 年 5 月第 1 版
印　　次：	2023 年 4 月第 2 次印刷
定　　价：	59.60 元（全 2 册）

ISBN 978-7-5658-2941-3

版权所有，翻版必究
如发现印装质量问题，请与承印厂联系退换

前 言

习近平总书记指出:"推进全民守法,必须着力增强全民法治观念。要坚持把全民普法和守法作为依法治国的长期基础性工作,采取有力措施加强法制宣传教育。要坚持法治教育从娃娃抓起,把法治教育纳入国民教育体系和精神文明创建内容,由易到难、循序渐进不断增强青少年的规则意识。要健全公民和组织守法信用记录,完善守法诚信褒奖机制和违法失信行为惩戒机制,形成守法光荣、违法可耻的社会氛围,使遵法守法成为全体人民共同追求和自觉行动。"

中共中央、国务院曾经转发了中央宣传部、司法部关于在公民中开展法治宣传教育的规划,并发出通知,要求各地区各部门结合实际认真贯彻执行。通知指出,全民普法和守法是依法治国的长期基础性工作。深入开展法治宣传教育,是全面建成小康社会和新农村的重要保障。

普法规划指出:各地区各部门要根据实际需要,从不同群体的特点出发,因地制宜开展有特色的法治宣传教育坚持集中法治宣传教育与经常性法治宣传教育相结合,深化法律进机关、进乡村、进社区、进学校、进企业、进单位的"法律六进"主题活动,完善工作标准,建立长效机制。

特别是农业、农村和农民问题,始终是关系党和人民事业发展的全局性和根本性问题。党中央、国务院发布的《关于推进社会主义新农村建设的若干意见》中明确提出要"加强农村法制建设,深入开展农村普法教育,增强农民的法制观念,提高农民依法行使权利和履行义务的自觉性。"多年普法实践证明,普及法律知识,提高法制观念，增强全社会依法办事意识具有重要作用。特别是在广大农村进行普法教育，是提高全民法律素质的需要。

多年来，我国在农村实行的改革开放取得了极大成功，农村发生了翻天覆地的变化，广大农民生活水平大大得到了提高。但是，由于历史和社会等原因，现阶段我国一些地区农民文化素质还不高，不学法、不懂法、不守法现象虽然较原来有所改变，但仍有相当一部分群众的法制观念仍很淡化，不懂、不愿借助法律来保护自身权益，这就极易受到不法的侵害，或极易进行违法犯罪活动，严重阻碍了全面建成小康社会和新农村步伐。

为此，根据党和政府的指示精神以及普法规划，特别是根据广大农村农民的现状，在有关部门和专家的指导下，特别编辑了这套《全国普法学习读本》。主要包括了广大人民群众应知应懂、实际实用的法律法规。为了辅导学习，附录还收入了相应法律法规的条例准则、实施细则、解读解答、案例分析等；同时为了突出法律法规的实际实用特点，兼顾地方性和特殊性，附录还收入了部分某些地方性法律法规以及非法律法规的政策文件、管理制度、应用表格等内容，拓展了本书的知识范围，使法律法规更"接地气"，便于读者学习掌握和实际应用。

在众多法律法规中，我们通过甄别，淘汰了废止的，精选了最新的、权威的和全面的。但有部分法律法规有些条款不适应当下情况了，却没有颁布新的，我们又不能擅自改动，只得保留原有条款，但附录却有相应的补充修改意见或通知等。众多法律法规根据不同内容和受众特点，经过归类组合，优化配套。整套普法读本非常全面系统，具有很强的学习性、实用性和指导性，非常适合用于广大农村和城乡普法学习教育与实践指导。总之，是全国全民普法的良好读本。

目　　录

中华人民共和国科学技术普及法

第一章　总　则 …………………………………………（1）
第二章　组织管理 ………………………………………（2）
第三章　社会责任 ………………………………………（3）
第四章　保障措施 ………………………………………（5）
第五章　法律责任 ………………………………………（6）
第六章　附　则 …………………………………………（7）
附　录
　　全民科学素质行动计划纲要实施方案（2016—2020年）……（8）
　　关于进一步加强环境保护科学技术普及工作的意见……（36）
　　关于全面推进卫生与健康科技创新的指导意见…………（44）

中华人民共和国促进科技成果转化法

第一章　总　则 …………………………………………（62）
第二章　组织实施 ………………………………………（63）
第三章　保障措施 ………………………………………（69）
第四章　技术权益 ………………………………………（70）
第五章　法律责任 ………………………………………（72）
第六章　附　则 …………………………………………（73）
附　录
　　实施《中华人民共和国促进科技成果转化法》若干规定 …（74）

国土资源部促进科技成果转化暂行办法 …………… （80）
交通运输部促进科技成果转化暂行办法 …………… （87）
中国科学院关于新时期加快促进科技成果转移转化
　　指导意见 …………………………………………… （98）
关于加强卫生与健康科技成果转移转化工作的
　　指导意见 …………………………………………… （104）

国家科学技术奖励条例

第一章　总　　则 …………………………………… （116）
第二章　国家科学技术奖的设置 …………………… （117）
第三章　国家科学技术奖的评审和授予 …………… （119）
第四章　罚　　则 …………………………………… （120）
第五章　附　　则 …………………………………… （121）

科技惠民计划管理办法（试行）

第一章　总　　则 …………………………………… （123）
第二章　管理职责 …………………………………… （124）
第三章　组织实施 …………………………………… （125）
第四章　验收考核 …………………………………… （129）
第五章　附　　则 …………………………………… （131）

科技工作者科学道德规范（试行）

第一章　总　　则 …………………………………… （134）
第二章　学术道德规范 ……………………………… （135）
第三章　学术不端行为 ……………………………… （136）
第四章　学术不端行为的监督 ……………………… （137）

中华人民共和国科学技术普及法

中华人民共和国主席令
第七十一号

《中华人民共和国科学技术普及法》已由中华人民共和国第九届全国人民代表大会常务委员会第二十八次会议于2002年6月29日通过，现予公布，自公布之日起施行。

中华人民共和国主席　江泽民
2002年6月29日

第一章　总　则

第一条　为了实施科教兴国战略和可持续发展战略，加强科学技术普及工作，提高公民的科学文化素质，推动经济发展和社会进步，根据宪法和有关法律，制定本法。

第二条　本法适用于国家和社会普及科学技术知识、倡导科学方法、传播科学思想、弘扬科学精神的活动。

开展科学技术普及（以下称科普），应当采取公众易于理解、接受、参与的方式。

第三条　国家机关、武装力量、社会团体、企业事业单位、农村基层组织及其他组织应当开展科普工作。

公民有参与科普活动的权利。

第四条　科普是公益事业，是社会主义物质文明和精神文明建设的重要内容。发展科普事业是国家的长期任务。

国家扶持少数民族地区、边远贫困地区的科普工作。

第五条　国家保护科普组织和科普工作者的合法权益，鼓励科普组织和科普工作者自主开展科普活动，依法兴办科普事业。

第六条　国家支持社会力量兴办科普事业。社会力量兴办科普事业可以按照市场机制运行。

第七条　科普工作应当坚持群众性、社会性和经常性，结合实际，因地制宜，采取多种形式。

第八条　科普工作应当坚持科学精神，反对和抵制伪科学。任何单位和个人不得以科普为名从事有损社会公共利益的活动。

第九条　国家支持和促进科普工作对外合作与交流。

第二章　组织管理

第十条　各级人民政府领导科普工作，应将科普工作纳入国民经济和社会发展计划，为开展科普工作创造良好的环境和条件。

县级以上人民政府应当建立科普工作协调制度。

第十一条 国务院科学技术行政部门负责制定全国科普工作规划，实行政策引导，进行督促检查，推动科普工作发展。

国务院其他行政部门按照各自的职责范围，负责有关的科普工作。

县级以上地方人民政府科学技术行政部门及其他行政部门在同级人民政府领导下按照各自的职责范围，负责本地区有关的科普工作。

第十二条 科学技术协会是科普工作的主要社会力量。科学技术协会组织开展群众性、社会性、经常性的科普活动，支持有关社会组织和企业事业单位开展科普活动，协助政府制定科普工作规划，为政府科普工作决策提供建议。

第三章 社会责任

第十三条 科普是全社会的共同任务。社会各界都应当组织参加各类科普活动。

第十四条 各类学校及其他教育机构，应当把科普作为素质教育的重要内容，组织学生开展多种形式的科普活动。

科技馆（站）、科技活动中心和其他科普教育基地，应当组织开展青少年校外科普教育活动。

第十五条 科学研究和技术开发机构、高等院校、自然科学和社会科学类社会团体，应当组织和支持科学技术工作者和教师开展科普活动，鼓励其结合本职工作进行科普宣传；有条件的，应当向公众开放实验室、陈列室和其他场地、设施，举办讲座和提供咨询。

科学技术工作者和教师应当发挥自身优势和专长，积极参与和支持科普活动。

第十六条 新闻出版、广播影视、文化等机构和团体应当发挥各自优势做好科普宣传工作。

综合类报纸、期刊应当开设科普专栏、专版；广播电台、电视台应当开设科普栏目或者转播科普节目；影视生产、发行和放映机构应当加强科普影视作品的制作、发行和放映；书刊出版、发行机构应当扶持科普书刊的出版、发行；综合性互联网站应当开设科普网页；科技馆（站）、图书馆、博物馆、文化馆等文化场所应当发挥科普教育的作用。

第十七条 医疗卫生、计划生育、环境保护、国土资源、体育、气象、地震、文物、旅游等国家机关、事业单位，应当结合各自的工作开展科普活动。

第十八条 工会、共产主义青年团、妇女联合会等社会团体应当结合各自工作对象的特点组织开展科普活动。

第十九条 企业应当结合技术创新和职工技能培训开展科普活动，有条件的可以设立向公众开放的科普场馆和设施。

第二十条 国家加强农村的科普工作。农村基层组织应当根据当地经济与社会发展的需要，围绕科学生产、文明生活，发挥乡镇科普组织、农村学校的作用，开展科普工作。

各类农村经济组织、农业技术推广机构和农村专业技术协会，应当结合推广先进适用技术向农民普及科学技术知识。

第二十一条 城镇基层组织及社区应当利用所在地的科技、教育、文化、卫生、旅游等资源，结合居民的生活、学习、健康娱乐等需要开展科普活动。

第二十二条 公园、商场、机场、车站、码头等各类公共场所的经营管理单位,应当在所辖范围内加强科普宣传。

第四章　保障措施

第二十三条 各级人民政府应当将科普经费列入同级财政预算,逐步提高科普投入水平,保障科普工作顺利开展。

各级人民政府有关部门应当安排一定的经费用于科普工作。

第二十四条 省、自治区、直辖市人民政府和其他有条件的地方人民政府,应当将科普场馆、设施建设纳入城乡建设规划和基本建设计划;对现有科普场馆、设施应当加强利用、维修和改造。

以政府财政投资建设的科普场馆,应当配备必要的专职人员,常年向公众开放,对青少年实行优惠,并不得擅自改作他用;经费困难的,同级财政应当予以补贴,使其正常运行。

尚无条件建立科普场馆的地方,可以利用现有的科技、教育、文化等设施开展科普活动,并设立科普画廊、橱窗等。

第二十五条 国家支持科普工作,依法对科普事业实行税收优惠。

科普组织开展科普活动、兴办科普事业,可以依法获得资助和捐赠。

第二十六条 国家鼓励境内外的社会组织和个人设立科普基金,用于资助科普事业。

第二十七条 国家鼓励境内外的社会组织和个人捐赠财产

资助科普事业；对捐赠财产用于科普事业或者投资建设科普场馆、设施的，依法给予优惠。

第二十八条 科普经费和社会组织、个人资助科普事业的财产，必须用于科普事业，任何单位或者个人不得克扣、截留、挪用。

第二十九条 各级人民政府、科学技术协会和有关单位都应当支持科普工作者开展科普工作，对在科普工作中做出重要贡献的组织和个人，予以表彰和奖励。

第五章　法律责任

第三十条 以科普为名进行有损社会公共利益的活动，扰乱社会秩序或者骗取财物，由有关主管部门给予批评教育，并予以制止；违反治安管理规定的，由公安机关依法给予治安管理处罚；构成犯罪的，依法追究刑事责任。

第三十一条 违反本法规定，克扣、截留、挪用科普财政经费或者贪污、挪用捐赠款物的，由有关主管部门责令限期归还；对负有责任的主管人员和其他直接责任人员依法给予行政处分；构成犯罪的，依法追究刑事责任。

第三十二条 擅自将政府财政投资建设的科普场馆改为他用的，由有关主管部门责令限期改正；情节严重的，对负有责任的主管人员和其他直接责任人员依法给予行政处分。

扰乱科普场馆秩序或者毁损科普场馆、设施的，依法责令其停止侵害、恢复原状或者赔偿损失；构成犯罪的，依法追究刑事责任。

第三十三条 国家工作人员在科普工作中滥用职权、玩忽职守、徇私舞弊的,依法给予行政处分;构成犯罪的,依法追究刑事责任。

第六章 附 则

第三十四条 本法自公布之日起施行。

附　录

全民科学素质行动计划纲要
实施方案（2016—2020年）

国务院办公厅关于印发全民科学素质行动计划纲要
实施方案（2016—2020年）的通知
国办发〔2016〕10号

各省、自治区、直辖市人民政府，国务院各部委、各直属机构：

《全民科学素质行动计划纲要实施方案（2016—2020年）》已经国务院同意，现印发给你们，请认真贯彻执行。

国务院办公厅
2016年2月25日

根据《中共中央关于制定国民经济和社会发展第十三个五年规划的建议》、《中共中央 国务院关于深化体制机制改革加快实施创新驱动发展战略的若干意见》和《国务院关于印发全民科学素质行动计划纲要（2006—2010—2020年）的通知》（国发〔2006〕7号，以下简称《科学素质纲要》），为实现2020年全民科学素质工作目标，进一步明确"十三五"期间全民科学素质工作的重点任务和保障措施等，制定本实施方案。

一、背景和意义

自2006年国务院颁布实施《科学素质纲要》以来，特别是"十二五"期间，各地各部门围绕党和国家发展大局，联合协作，未成年人、农民、城镇劳动者、领导干部和公务员、社区居民等重点人群科学素质行动扎实推进，带动了全民科学素质水平整体提高；科技教育、传播与普及工作广泛深入开展，科普资源不断丰富，大众传媒特别是新媒体科技传播能力明显增强，基础设施建设持续推进，人才队伍不断壮大，公民科学素质建设的公共服务能力进一步提升；公民科学素质建设共建机制基本建立，大联合大协作的局面进一步形成，为全民科学素质工作顺利开展提供了保障。第九次中国公民科学素质调查显示，2015年我国公民具备科学素质的比例达到6.20%，较2010年的3.27%提高近90%，超额完成"十二五"我国公民科学素质水平达到5%的工作目标，为"十三五"全民科学素质工作奠定坚实基础。

但是，也应清醒地看到，目前我国公民科学素质水平与发达国家相比仍有较大差距，全民科学素质工作发展还不平衡，不能满足全面建成小康社会和建设创新型国家的需要。主要表现在：面向农民、城镇新居民、边远和民族地区群众的全民科学素质工作仍然薄弱，青少年科技教育有待加强；科普技术手段相对落后，均衡化、精准化服务能力亟待提升；科普投入不足,全社会参与的激励机制不完善,市场配置资源的作用发挥不够。"十三五"时期是实施创新驱动发展战略的关键时期,是全面建成小康社会的决胜阶段。科学素质决定公民的思维方式和行为方式,是实现美好生活的前提,是实施创新驱动发展战略的基础,是国家综合国力的体现。进一步加强公民科学素质建设,不断提升人力资源质量,对于增强自主创新能力,推动大众创业、万众创新,引领经济社会发展新常态,注入发展新动能,助力创新型国家建设和全面建成小康社会具有重要战略意义。

二、指导方针和目标

指导方针：

全面贯彻党的十八大、十八届三中、四中、五中全会和习近平总书记系列重要讲话精神,认真落实党中央、国务院决策部署,牢固树立创新、协调、绿色、开放、共享的发展理念,坚持"政府推动、全民参与、提升素质、促进和谐"的工作方针,围绕"节约能源资源、保护生态环境、保障安全健康、促进创新创造"的工作主题,继承创新、拓展提升,开放协同、普惠共享,精准发力、全面跨越,推动科技教育、传播与普及,扎实推进全民科学素质工作,激发大众创业创新的热情和潜力,为创新驱动发展、夺取全面建成小康社会决胜阶段伟大胜利筑牢公民科学素质基础,为实现中华民族伟大复兴的中国梦作出应有贡献。

目标：

到2020年,科技教育、传播与普及长足发展,建成适应创新型国家建设需求的现代公民科学素质组织实施、基础设施、条件保障、监测评估等体系，公民科学素质建设的公共服务能力显著增强，公民具备科学素质的比例超过10%。

——促进创新、协调、绿色、开放、共享的发展理念深入人心。围绕经济社会发展新常态的需求，突出工作主题，弘扬创新创业精神，更加关注保障和改善民生，大力宣传普及高新技术、绿色发展、健康生活等知识和观念，促进在全社会形成崇尚科学的社会氛围和健康文明的生活方式，进一步推动依靠创新驱动，实现更高质量、更有效率、更加公平、更可持续的发展。

——以重点人群科学素质行动带动全民科学素质整体水平跨越提升。青少年的科学兴趣、创新意识、学习实践能力明显提高，领导干部和公务员的科学意识和决策水平不断提升，农民和城镇劳动者的科学生产生活能力快速提高，革命老区、民族地区、边疆地区、集中连片贫困地区公民的科学素质显著提升。

——公民科学素质建设的公共服务能力大幅增强。科技教育与培训体系基本完善，社区科普益民服务机制逐步建立，科普基础设施的保障能力不断增强，科普信息化建设取得突破进展，科普产业快速发展，科普人才队伍不断壮大，公民提升自身科学素质的机会与途径显著增多。

——公民科学素质建设的长效机制不断健全。公民科学素质建设的共建、社会动员、监测评估等机制进一步完善，社会各方面参与公民科学素质建设的积极性明显增强。

三、重点任务

根据指导方针和目标，"十三五"时期重点开展以下工作：

(一) 实施青少年科学素质行动。

任务：

——宣传创新、协调、绿色、开放、共享的发展理念，普及科学知识和科学方法，激发青少年科学兴趣，培养青少年科学思想和科学精神。

——完善基础教育阶段的科技教育，增强中小学生的创新意识、学习能力和实践能力，促进中小学科技教育水平大幅提升。

——完善高等教育阶段的科技教育，引导大学生树立科学思想，弘扬科学精神，激发大学生创新创造创业热情，提高大学生开展科学研究和就业创业的能力。

——充分发挥现代信息技术在科技教育和科普活动方面的积极作用，促进学校科技教育和校外科普活动有效衔接。

——巩固农村义务教育普及成果，提高农村中小学科技教育质量，为农村青少年提供更多接受科技教育和参加科普活动的机会。

措施：

——推进义务教育阶段的科技教育。基于学生发展核心素养框架，完善中小学科学课程体系，研究提出中小学科学学科素养，更新中小学科技教育内容，加强对探究性学习的指导。修订小学科学课程标准实验教材。增强中学数学、物理、化学、生物等学科教学的横向配合。重视信息技术的普及应用，加快推进教育信息化，继续加大优质教育资源开发和应用力度。

——推进高中阶段的科技教育。修订普通高中科学与技术领域课程标准，明确对学科素养和学业质量的要求。修订普通高中数学、物理、化学、生物、地理、信息技术、通用技术课程标准实验教材,鼓励普通高中探索开展科学创新与技术实践的跨学科探究活动。规范学生综合素质评价机制,促进学生创新精神和实践能力的发展。积极开展研究性学习与科学实践、社区服务与社会实践活动,提高学生的探究能力。深入实施"中学生英才计划",促进中学教育和大学教育互动衔接,鼓励各地积极探索科技创新和应用人才的培养方式,加强普通高中拔尖创新人才培养基地建设。强化中等职业学校科技教育,发挥课程教学主渠道作用,推动科技教育进课堂、进教材、列入教学计划,系统提升学生科学意识和综合素养。

——推进高等教育阶段科技教育和科普工作。组织开展大学数学、物理、化学、生物学、计算机等课程改革,推进高校科学基础课建设。加强科学史等科学素质类视频公开课建设。深化高校创新创业教育改革,引导大学生转变就业择业观念,支持在校大学生开展创新性实验、创业训练和创业实践项目。推动建立大学生创新创业联盟和创业就业基地,大力开展全国青少年科技创新大赛、"挑战杯"全国大学生课外学术科技作品竞赛、"创青春"全国大学生创业大赛等活动,为青年提供将科技创意转化为实际成果的渠道、平台。深入实施基础学科拔尖学生培养试验计划,完善拔尖创新人才培养机制。

——大力开展校内外结合的科技教育活动。充分发挥非正规教育的促进作用,推动建立校内与校外、正规与非正规相结合的科技教育体系。广泛组织开展学校科技节、科技周、科普日、公众科学日、红领巾科技小社团、"科技之光"青年专家服务团等活动,普及节约资源、保护环境、防灾应急、身心健康等知识，加强珍爱生命、远离毒品和崇尚科学文明、反对愚昧迷信的宣传教育。充分利用重点高校和科研院所开放的科技教育资源，开展全国青少年高校科学营、求真科学营等活动。拓展校外青少年科技教育渠道，鼓励中小学校利用科技馆、青少年宫、科技博物馆、妇女儿童活动中心等各类科技场馆及科普教育基地资源，开展科技学习和实践活动。开展科技场馆、博物馆、科普大篷车进校园工作，探索科技教育校内外有效衔接的模式，推动实现科技教育活动在所有中小学全覆盖。

——充分利用信息技术手段，均衡配置科技教育资源。推进信息技术与科技教育、科普活动融合发展。推进优质科技教育信息资源共建共享。加强信息素养教育，帮助青少年正确合理使用互联网。大力开展线上线下相结合的青少年科普活动，满足青少年对科技、教育信息的个性化需求。面向农村学生特别是农村留守儿童，开展科技辅导、心理疏导、安全健康等方面的志愿服务，帮助他们提高科学素质、丰富生活阅历、增长见识。加强各类家长学校和青少年科普阵地建设，开展科技类亲子体验活动，搭建传播科学家庭教育知识的新平台，提高家长特别是母亲的科学素质。

分工：由教育部、共青团中央、中国科协牵头，中央宣传部、科技部、工业和信息化部、国家民委、民政部、人力资源社会保障部、国土资源部、环境保护部、文化部、卫生计生委、质检总局、新闻出版广电总局、体育总局、食品药品监管总局、林业局、旅游局、中科院、社科院、工程院、地震局、气象局、自然科学基金会、文物局、全国妇联等单位参加。

(二) 实施农民科学素质行动。

任务：

——宣传创新、协调、绿色、开放、共享的发展理念，围绕农业现代化、加快转变农业发展方式、粮食安全等，贯彻党和国家强农惠农富农政策，普及高效安全、资源节约、环境友好、乡村文明等知识和观念。

——加强农村科普信息化建设，推动"互联网+农业"的发展，促进农业服务现代化。

——着力培养1000万名具有科学文化素质、掌握现代农业科技、具备一定经营管理能力的新型职业农民，全面提升农民的生活水平。

——进一步加大对革命老区、民族地区、边疆地区、集中连片贫困地区科普工作的支持力度，大力提高农村妇女和农村留守人群的科学素质。

措施：

——大力开展农业科技教育培训。实施新型职业农民培育工程和现代青年农场主计划，全方位、多层次培养各类新型职业农民和农村实用人才。充分发挥党员干部现代远程教育网络、农村社区综合服务设施、农业综合服务站（所）、基层综合性文化服务中心等在农业科技培训中的作用，面向农民开展科技教育培训。深入实施农村青年创业致富"领头雁"培养计划，通过开展技能培训、强化专家和导师辅导、举办农村青年涉农产业创业创富大赛等方式，促进农村青年创新创业。深入实施巾帼科技致富带头人培训计划，着力培养一支综合素质高、生产经营能力强、主体作用发挥明显的新型职业女农民队伍。

——广泛开展形式多样的农村科普活动。深入开展文化科技卫生"三下乡"、科普日、科技周、世界粮食日、健康中国行、千乡万村环保科普行动、农村安居宣传、科普之春（冬）等各类科普活动，大力普及绿色发展、安全健康、耕地保护、防灾减灾、绿色殡葬等科技知识和观念，传播科学理念，反对封建迷信，帮助农民养成科学健康文明的生产生活方式，提高农民健康素养，建设美丽乡村和宜居村庄。

——加强农村科普公共服务建设。将科普设施纳入农村社区综合服务设施、基层综合性文化中心等建设中，提升农村社区科普服务能力。深入实施基层科普行动计划，发挥优秀基层农村专业技术协会、农村科普基地、农村科普带头人和少数民族科普工作队的示范带动作用。开展科普示范县（市、区）等创建活动，提升基层科普公共服务能力。

——加强农村科普信息化建设。积极开展信息技术培训，加大对循环农业、创意农业、精准农业和智慧农业的宣传推广力度，实施农村青年电商培育工程，鼓励和支持农村青年利用电子商务创新创业。建设科普中国乡村e站，大力开展农民科学素质网络知识竞赛、新农民微视频展播等线上线下相结合的科技教育和科普活动。发挥中国智慧农民云、科普中国服务云、中国环保科普资源网、中国兴农网、农业科技网络书屋等作用，帮助农民提高科学素质。

——加强对薄弱地区的科普精准帮扶。实施科普精准扶贫，加强革命老区、民族地区、边疆地区、集中连片贫困地区科普服务能力建设，加大对农村留守儿童、留守妇女和留守老人的科普服务力度。实施科普援藏援疆工作，加大科普资源倾斜力度,加强双语科普创作与传播。大力开展巾帼科技致富工程、巾帼科技特派员、巾帼现代农业科技示范基地建设等工作,组织开展"智爱妈妈"活动,努力提高农村妇女科学素质。

分工:由农业部、中国科协牵头,中央组织部、中央宣传部、教育部、科技部、国家民委、民政部、人力资源社会保障部、国土资源部、环境保护部、文化部、卫生计生委、质检总局、新闻出版广电总局、体育总局、食品药品监管总局、林业局、中科院、工程院、地震局、气象局、文物局、全国总工会、共青团中央、全国妇联等单位参加。

(三)实施城镇劳动者科学素质行动。

任务:

——宣传创新、协调、绿色、开放、共享的发展理念,弘扬创新创业精神,引导更多劳动者积极投身创新创业活动。

——围绕加快建设制造强国、实施"中国制造2025"、推动生产方式转变,以专业技术人才、高技能人才、进城务工人员及失业人员的培养培训为重点,到2020年基本实现有培训愿望的劳动者都有机会参加一次相应的职业培训。

——推动职业技能、安全生产、信息技术等知识和观念的广泛普及,提高城镇劳动者科学生产和健康生活能力,促进城镇劳动者科学素质整体水平提升。

措施:

——加强专业技术人员继续教育工作。完善专业技术人员继续教育制度,深入实施专业技术人才知识更新工程,全面推进高级研修、急需紧缺人才培养、岗位培训、国家级专业技术人员继续教育基地建设等重点项目,开展少数民族专业技术人才特殊培养工作，构建分层分类的专业技术人员继续教育体系。充分发挥科技社团在专业技术人员继续教育中的重要作用，帮助专业技术人员开展技术攻关、解决技术难题，参加跨行业、跨学科的学术研讨和技术交流活动。

——大规模开展职业培训。构建以企业为主体、技工院校为基础，各类培训机构积极参与、公办与民办共举的职业培训和技能人才培养体系。面向城镇全体劳动者，积极开展订单式、定岗、定向等多种形式的就业技能培训、岗位技能提升培训、安全生产培训和创业培训，基本消除劳动者无技能从业现象，提高城镇劳动者安全生产意识，避免由于培训不到位导致的安全事故。组织开展技能就业培训工程暨高校毕业生技能就业和新一轮全国百家城市技能振兴等专项活动，深入实施国家高技能人才振兴计划，开展全国职工职业技能大赛、全国青年职业技能大赛、全国青年岗位能手评选等工作，大力提升职工职业技能。

——广泛开展进城务工人员培训教育。大力开展农民工求学圆梦行动、"春潮行动"——农民工职业技能提升计划、家政培训、城乡妇女岗位建功评选等活动，将绿色发展、安全生产、健康生活、心理疏导、防灾减灾等作为主要内容，发挥企业、科普机构、科普场馆、科普学校、妇女之家等作用，针对进城务工人员广泛组织开展培训，提高进城务工人员在城镇的稳定就业和科学生活能力，促进常住人口有序实现市民化，助力实现城市可持续发展和宜居。

——大力营造崇尚创新创造的社会氛围。深入开展"大国工匠"、"最美青工"、智慧蓝领、巾帼建功等活动，倡导敢为人先、勇于冒尖的创新精神，激发职工创新创造活力，推动大众创业、万众创新，最大程度释放职工创新潜力，形成人人崇尚创新、人人渴望创新、人人皆可创新的社会氛围。

分工：由人力资源社会保障部、全国总工会、安全监管总局牵头，中央宣传部、教育部、科技部、工业和信息化部、民政部、卫生计生委、质检总局、新闻出版广电总局、食品药品监管总局、中科院、工程院、地震局、气象局、共青团中央、全国妇联、中国科协等单位参加。

（四）实施领导干部和公务员科学素质行动。

任务：

——着眼于提高领导干部和公务员的科学执政水平、科学治理能力、科学生活素质，大力加强马克思列宁主义、毛泽东思想和中国特色社会主义理论体系，特别是习近平总书记系列重要讲话精神等科学理论的教育，宣传创新、协调、绿色、开放、共享的发展理念，开展科技革命、产业升级等前沿科技知识的专题教育，充分利用现代信息技术，加强科技知识、科学方法的培训和科学思想、科学精神的培养，使领导干部和公务员的科学素质在各类职业人群中位居前列，推动领导干部和公务员更好地贯彻实施创新驱动发展战略，推进国家治理体系和治理能力现代化。

措施：

——加强规划，把科学素质教育作为领导干部和公务员教育培训的长期任务。认真贯彻落实《2013—2017年全国干部教育培训规划》有关部署要求，严格执行《干部教育培训工作条例》有关规定。在研究制定领导干部和公务员培训规划时，突出科学理论、科学方法和科技知识的学习培训以及科学思想、科学精神的培养，重点加强对市县党政领导干部、各级各部门科技行政管理干部、科研机构负责人和国有企业、高新技术企业技术负责人等的教育培训。

——创新学习渠道和载体，加强领导干部和公务员科学素质教育培训。在党委（党组）中心组学习中，加强对马克思主义基本原理、习近平总书记系列重要讲话精神等内容的学习。把树立科学精神、增强科学素质纳入党校、行政学院和各类干部培训院校教学计划，合理安排课程和班次，引导、帮助领导干部和公务员不断提升科学管理能力和科学决策水平。鼓励领导干部和公务员通过网络培训、自学等方式强化科学素质相关内容的学习。积极利用网络化、智能化、数字化等教育培训手段，扩大优质科普信息覆盖面，满足领导干部和公务员多样化学习需求。在干部培训教材建设中强化新科技内容的编写和使用，编发领导干部和公务员应知必读科普读本。

——在领导干部考核和公务员录用中，体现科学素质的要求。贯彻落实中央关于改进地方党政领导班子和领导干部政绩考核工作的有关要求，不断完善干部考核评价机制。在党政领导干部、企事业单位负责人任职考察、年度考核中，强化与科学素质要求有关的具体内容。在公务员录用考试中，强化科学素质有关内容。制订并不断完善领导干部和公务员科学素质监测、评估标准。

——广泛开展针对领导干部和公务员的各类科普活动。办好院士专家科技讲座、科普报告等各类领导干部和公务员科普活动。继续在党校、行政学院等开设科学思维与决策系列课程。做好心理咨询、心理健康培训等工作，开发系列指导手册，打造网络交流平台。有计划地组织领导干部和公务员到科研场所实地参观学习，鼓励引导领导干部参与科普活动。组织开展院士专家咨询服务活动，着力提升广大基层干部和公务员的科学素质。

——加大宣传力度，为领导干部和公务员提高科学素质营造良好氛围。加强科技宣传，充分发挥新闻媒体的优势，增加科技宣传版面和时段，用好用活新媒体工具，推广发布一批优秀科普作品，大力传播科技知识、科学方法、科学思想、科学精神。围绕科技创新主题，选树一批弘扬科学精神、提倡科学态度、讲究科学方法的先进典型。

分工：由中央组织部、人力资源社会保障部牵头，中央宣传部、科技部、工业和信息化部、国土资源部、环境保护部、文化部、卫生计生委、质检总局、新闻出版广电总局、体育总局、食品药品监管总局、林业局、中科院、社科院、地震局、气象局、文物局、共青团中央、全国妇联、中国科协等单位参加。

（五）实施科技教育与培训基础工程。

任务：

——构建科学教师培训体系，加大培训力度，不断提高教师科学素质和科技教育水平，建成一支优秀科学教师队伍。

——完善科技教育课程教材，特别是加强民族语言教材建设，满足不同对象的科技教育和培训需求。

——充分利用现代信息技术，优化教学方法，不断推动科技教育与教学实践深度融合。

——完善科技教育培训基础设施，不断提高科技教育培训基地、场所的利用效率，保障科技教育与培训有效实施。

措施：

——加强科技教育师资培训和研修。鼓励有条件的高等师范院校开设科技教育等专业或相关课程，培养更多科技教育师资。在"国培计划"中，加强教师科学素质能力培训，培养"种子"教师，推动各地加大对科学教师以及相关学科教师的培训力度，提高教师科技教育的教学能力和水平。实施科学教师和科技辅导员专项培训，建立培训基地，到2020年实现对全国一线科学教师和骨干科技辅导员培训全覆盖。

——加强各类人群科技教育培训的教材建设。结合不同人群特点和需求，不断更新丰富科技教育培训的教材内容，开设专业课程与科技前沿讲座等。将科普工作与素质教育紧密结合，注重培养具有创意、创新、创业能力的高层次创造性人才。将创新、协调、绿色、开放、共享的发展理念以及环境保护、节约资源、防灾减灾、安全健康、应急避险、科学测量等相关科普内容，纳入各级各类科技教育培训教材和教学计划。加强职业教育、成人教育、民族地区双语教育和各类培训中科技教育的教材建设。

——进一步改进科技教育教学方法。发挥基础教育国家级教学成果奖的示范辐射作用，加大科技教育优秀教学成果推广力度。加强学生综合实践活动指导，提高学生探究性学习和动手操作能力。加强中小学科技教育研究，研究建立符合我国青少年特点、有利于推动青少年科学素质提高和创新人才培养的青少年科学素质测评体系。

——加强科技教育与培训的基础设施建设。根据实际需求，因地制宜建设科技教育培训基础设施，重点加强农村边远贫困地区中小学科技教育硬件设施建设。合理规划布局现有科技教育培训基地、场所，不断提高使用效率。调动社会资源积极参与中小学科技教育网络资源建设，发挥现代信息技术的作用，不断丰富网络教育内容，促进优质教学资源广泛共享。鼓励高校、科研院所、科技场馆、职业学校、成人教育培训机构、社区学校等各类公共机构积极参与科技教育和培训工作。

——充分发掘高校和科研院所科技教育资源，健全科教结合、共同推动科技教育的有效模式。推动高等院校、科研院所的科技专家参与科学教师培训、中小学科学课程教材建设和教学方法改革。推动有条件的中学科学教师到高等院校、科研机构和重点实验室参与科研实践。加强高校科学道德和学风建设，推动高校师生广泛树立科学道德和科学精神。推动实施"科学与中国"科学教育计划。

分工：由教育部、人力资源社会保障部、中科院牵头，中央宣传部、科技部、工业和信息化部、国家民委、国土资源部、农业部、新闻出版广电总局、体育总局、林业局、社科院、工程院、地震局、气象局、自然科学基金会、全国总工会、共青团中央、全国妇联、中国科协等单位参加。

（六）实施社区科普益民工程。

任务：

——宣传创新、协调、绿色、开放、共享的发展理念，普及尊重自然、绿色低碳、科学生活、安全健康、应急避险等知识和观念，提升社区居民应用科学知识解决实际问题、参与公共事务的能力，提高居民健康素养，促进社区居民全面形成科学文明健康的生活方式，促进和谐宜居、富有活力、各具特色的现代化城市建设。

——大力提升社区科普公共服务能力，促进基层社区科普服务设施融合发展，推动城镇常住人口科普基本公共服务均等化，全面提升居民科学素质，助力以人为核心的新型城镇化发展。

措施：

——广泛开展社区科技教育、传播与普及活动。围绕"节约能源资源、保护生态环境、保障安全健康、促进创新创造"的工作主题，深入开展科普日、科技周、世界环境日、世界地球日、世界标准日以及科技、文化、卫生、安全、健康、环保进社区等活动。组织开展社区气象、防震减灾、燃气用电安全、电梯安全以及社区居民安全技能、老年人急救技能培训等各类应急安全教育培训活动。面向城镇新居民开展适应城市生活的科技教育、传播与普及活动，帮助新居民融入城市生产生活。

——大力改善社区科普基础条件。推动基层服务中心融合发展，在新建及现有的基层服务中心拓展科普功能。建设科普中国社区e站，依托社区综合服务设施，深入推进社区科普益民服务站、科普学校、科普网络建设，进一步加强社区科普组织和人员建设。充分发挥科普基础设施作用，面向基层群众开展党员教育、体育健身、文化宣传、卫生健康、食品药品、防灾减灾等各类科普活动。

——促进形成政府推动、社会支持、居民参与的社区科普新格局。在现代公共文化服务中切实加强社区科普工作，深入实施基层科普行动计划，推动全国科普示范社区蓬勃发展。激发社会主体参与科普的积极性，面向社区提供多样化的科普产品和服务，动员驻区学校、科研院所、企业、科技社团、科普场馆、科普教育基地等相关单位开发开放科普资源，支持和参与社区科普活动。充分发挥社区组织和科普志愿者组织的作用，组织和引导社区居民参与科普活动，发挥党员先锋岗、工人先锋岗、青年文明岗、巾帼文明岗以及在社区有影响和号召力人士的带动作用，加强社区科学文化建设，助力和谐社区、美丽社区建设。

分工：由文化部、民政部、全国妇联、中国科协牵头，中央宣传部、教育部、科技部、国家民委、国土资源部、环境保护部、卫生计生委、质检总局、新闻出版广电总局、体育总局、安全监管总局、食品药品监管总局、中科院、社科院、地震局、气象局、全国总工会、共青团中央等单位参加。

（七）实施科普信息化工程。

任务：

——以科普信息化为核心，推动实现科普理念和科普内容、表达方式、传播方式、组织动员、运行和运营机制等服务模式的全面创新。

——提升优质科普内容资源供给能力，运用群众喜闻乐见的形式，实现科普与艺术、人文有机结合，推出更多有知有趣有用的科普精品，让科学知识在网上和生活中流行。

——提升科技传播能力，推动传统媒体与新兴媒体深度融合，实现多渠道全媒体传播，大幅提升大众传媒的科技传播水平。

——推动科普信息在社区、学校、农村等落地应用，提升科技传播精准服务水平，满足公众泛在化、个性化获取科普信息的需求，定向、精准推送科普信息。

措施：

——实施"互联网+科普"行动。汇聚各方力量打造科普中国品牌，推动科普领域牢固树立精品意识和质量意识，引导建设众创、众包、众扶、众筹、分享的科普生态圈，打造科普新格局。以科普的内容信息、服务云、传播网络、应用端为核心，形成"两级建设、四级应用"的科普信息化服务体系。以提升科普服务效能为核心、以科普信息汇聚生产与有效利用为目标，建设科普中国服务云，实现科普的信息汇聚、数据分析挖掘、应用服务、即时获取、精准推送、决策支持。建立完善网络科普内容科学性把关、网络科普传播舆情实时监测机制。深入探索利用政府和社会资本合作（PPP）的科普公共服务新模式，进一步把政府与市场、需求与生产、内容与渠道、事业与产业有效连接起来，实现科普的倍增效应。

——繁荣科普创作。支持优秀科普原创作品以及科技成果普及、健康生活等重大选题，支持科普创作人才培养和科普文艺创作。大力开展科幻、动漫、视频、游戏等科普创作，推动制定对科幻创作的扶持政策，推动科普游戏开发，加大科普游戏传播推广力度，加强科普创作的国际交流与合作。

——强化科普传播协作。制定鼓励大众传媒开展科技传播的政策措施。引导中央及地方主要新闻媒体加大科技宣传力度，扶持科技宣传报道做大做强。支持电视台、广播电台制作更多群众喜闻乐见的适合在电视、广播电台和互联网同步传播的科普作品，增加播放时间和传播频次，办好电视科普频道。鼓励报刊和网站增加科普内容或增设科普专栏。举办科技类全国电视大赛，营造全社会学科学的浓厚氛围。创新科普传播形式，推动图书、报刊、音像电子、电视等传统媒体与新兴媒体在科普内容、渠道、平台、经营和管理上深度融合，实现包括纸质出版、网络传播、移动终端传播在内的多渠道全媒体传播。组织开展科技宣传报道编辑记者学习培训，提升大众传媒从业者的科学素质与科技传播能力。

——强化科普信息的落地应用。依托大数据、云计算等信息技术手段，洞察和感知公众科普需求，创新科普的精准化服务模式，定向、精准地将科普信息送达目标人群。通过科普中国服务云、科普中国V视快递、科普中国e站推送等方式，推动科普信息在社区、学校、农村等落地应用。强化移动端科普推送，支持移动端科普融合创作，鼓励科研机构通过微信、微博等新媒体平台建设和运行有影响力的科普公众号，强化科普头条新闻推送，促进科普活动线上线下结合。加大对革命老区、民族地区、边疆地区、集中连片贫困地区群众及青少年等重点人群的科普信息服务定制化推送力度。

分工：由中国科协、中央宣传部、新闻出版广电总局牵头，教育部、科技部、工业和信息化部、国家民委、民政部、国土资源部、环境保护部、农业部、文化部、卫生计生委、质检总局、体育总局、安全监管总局、食品药品监管总局、林业局、旅游局、中科院、社科院、工程院、地震局、气象局、自然科学基金会、文物局、全国总工会、共青团中央等单位参加。

（八）实施科普基础设施工程。

任务：

——增加科普基础设施总量，完善科普基础设施布局，提升科普基础设施的服务能力，实现科普公共服务均衡发展。

——推进优质科普资源开发开放，优化资源配置，拓展公众参与科普的途径和机会。

措施：

——加强对科普基础设施发展的顶层设计和宏观指导。制订实施科普基础设施发展规划，将科普基础设施建设纳入各地基本建设计划。制定完善各类科普基础设施建设与管理的规范标准和运行机制，研究建立科普基础设施的评估体系，开展监测评估工作。

——创新完善现代科技馆体系。突出信息化、时代化、体验化、标准化、体系化、普惠化、社会化，推动由数量与规模增长的外延式发展模式向提升科普能力与水平的内涵式发展模式转变，进一步建立完善以实体科技馆为龙头和基础，流动科技馆、科普大篷车、虚拟现实科技馆、农村中学科技馆、数字科技馆为拓展和延伸，辐射基层科普设施的中国特色现代科技馆体系。发挥自然博物馆和专业行业类科技馆等场馆以及中国数字科技馆的科普资源集散与服务平台作用。大力推动虚拟现实等技术在科技馆展览教育中的应用，以"超现实体验、多感知互动、跨时空创想"为核心理念，研发可复制、可推广的虚拟现实科技馆，生动展现科技前沿。推动中西部地市级科技馆、专题行业科技馆建设。推动建立科普标准化组织，完善科技馆行业国家标准体系以及相关标准规范，开展科技馆评级与分级评估。建立健全科技馆免费开放制度，提高科技馆公共服务质量和水平。

——加强基层科普设施建设。依托现有资源，因地制宜建设一批具备科技教育、培训、展示等多功能的开放性、群众性科普活动场所和科普设施。加快建设农村中学科技馆、乡村学校少年宫等农村青少年科技活动场所。加强科技场馆及基地等与少年宫、文化馆、博物馆、图书馆等公共文化基础设施的联动，拓展科普活动阵地。充分利用线上科普信息，强化现有设施的科普教育功能。

——加强科普教育基地建设。依托现有资源，建设国土资源、环境保护、安全生产、食品药品、质量监督、检验检疫、林业、地震、气象等行业类、科研类科普教育基地。制定完善科普教育基地的管理制度，加强工作考核和动态管理，提升服务能力。推动青少年宫、妇女儿童活动中心、各类培训基地和文化场所等增加科技教育内容，引导海洋馆、主题公园、自然保护区、森林公园、湿地公园、地质公园、动植物园、旅游景区、地震台站、地震遗址遗迹等公共设施增强科普功能。

——推动优质科普资源开发开放。推动高校、科研机构、工程中心（实验室）、科技社团向公众开放实验室、陈列室和其他科技类设施，推动高端科研资源科普化，充分发挥天文台、野外台站、重点实验室和重大科技基础设施等高端科研设施的科普功能。鼓励高新技术企业对公众开放研发机构、生产设施（流程、车间）或展览馆等，推动建设专门科普场所。充分发挥高校、科研院所、企业等科技人才和资源优势，积极组织开展科普活动。

分工：由中国科协、发展改革委、科技部牵头，中央宣传部、教育部、工业和信息化部、国家民委、民政部、财政部、人力资源社会保障部、国土资源部、环境保护部、农业部、文化部、卫生计生委、质检总局、体育总局、食品药品监管总局、林业局、旅游局、中科院、地震局、气象局、文物局、全国总工会、共青团中央、全国妇联等单位参加。

（九）实施科普产业助力工程。

任务：

——研究制定科普产业发展的宏观政策以及技术标准、规范。

——促进科普产业健康发展，大幅提升科普产品和服务供给能力，有效支撑科普事业发展。

措施：

——完善科普产业发展的支持政策。开展科普产品和服务发展相关政策研究，推动制定科普产业发展的相关政策，将科普产业纳入高新技术产业、创意产业和文化产业的相关优惠政策范围，充分发挥市场机制配置科普社会资源的功能。

——推动科普产品研发与创新。成立全国科普服务标准化技术委员会，组织制定科普相关标准，建立完善科普产品和服务的技术规范。依托科普机构、科研机构、产学研中心等建立科普产品研发中心，开展科普产品和服务的基础研究、应用研究、研发推广，增强科普产品和服务的原始创新能力，提升市场竞争力。开展科普创作和产品研发示范团队建设，推动科技创新成果向科普产品转化，探索科技创新和科普产业结合的有效机制。

——加强科普产业市场培育。利用科普活动、科普教育基地、科普场馆、科普机构等有利条件，发挥集成效应，通过竞赛、线上线下相结合等方式，搭建科普创客空间，支持创客参与科普产品的创新、创造、创业。鼓励建立科普产业园区和产业基地，组建中国科学文化出版传媒集团等科普龙头企业，形成科普产业集群，实现集约发展。搭建科普产品和服务交易平台，加大政府购买科普产品和服务的力度。

分工：由科技部、中国科协牵头，发展改革委、教育部、工业和信息化部、国家民委、财政部、人力资源社会保障部、国土资源部、环境保护部、农业部、文化部、卫生计生委、质检总局、新闻出版广电总局、体育总局、安全监管总局、林业局、旅游局、中科院、社科院、工程院、地震局、气象局、文物局、全国总工会、共青团中央、全国妇联等单位参加。

（十）实施科普人才建设工程。

任务：

——加强科普人才队伍建设，培养和选拔一批高水平科普人才，壮大专兼职科普人才队伍，推动科普志愿者队伍建设，优化科普人才结构。

——建立完善科普人才激励机制，推动科普人才知识更新和能力培养，增强适应现代科普发展的能力。

措施：

——完善科普人才培养、使用和评价制度。落实国家中长期科技、教育、人才发展规划纲要，加强科普人才培养、使用和评价的政策研究，推动制定科普学科发展、科普专业设置、科普人才评价标准、技术职务等相关制度，建立激励机制，充分调动科普人员积极性。

——加强科普人才培养和继续教育。深入推进高层次科普专门人才培养试点工作，总结推广经验，加强教学大纲、教材、课程和师资队伍建设，加大高层次科普专门人才培养力度。依托高等院校、科研院所、科普组织、企业与相关机构建立完善科普人才继续教育基地，以科普组织管理、科技教育、科技传播、科普活动组织、科普经营管理等从业者为重点，围绕科普的新理论、新方法、新手段等，及时更新补充新知识、扩展新视野、提升创新能力，以适应科技发展、社会进步和现代科普发展的新形势新要求。

——加强科普专业队伍建设。充分发挥科技社团、高等院校、科研机构等作用，搭建科学传播服务平台，发展壮大科学传播专家团队，深入开展科学传播活动。结合科技教育和课外科普活动，重点在中小学校、科普场馆、青少年宫等建立专职青少年科技辅导员队伍。依托基层各类组织，动员科技特派员、大学生村官、农村致富带头人、气象信息员、中小学教师和科普志愿者等担任科普宣传员，实现乡村社区科普宣传员全覆盖。发挥民族院校的作用，加强双语科普人才培养。结合各类社区科普设施和活动，发展壮大社区科普队伍。充分发挥企业科协、企业团委、职工技协、研发中心等作用，结合职工技能培训、继续教育和各类科普活动，培养和造就企业实用科普人才。

——大力发展科普志愿者队伍。建立完善科普志愿者组织管理制度，推动各级各类科普志愿者队伍建设，推动建立科普志愿者社团组织，开展科普志愿者交流、培训、经验推广等工作。搭建科普志愿活动服务平台，充分发挥科普志愿者在各类科普活动中不可替代的作用，规范记录科普志愿者的服务信息，建立完善科普志愿服务激励机制。鼓励老科技工作者、高校师生、中学生、传媒从业者参与科普志愿服务。建立健全应对重大突发事件的科普志愿者动员机制，发展应急科普志愿者队伍。

分工：由中国科协、科技部、人力资源社会保障部牵头，中央组织部、中央宣传部、教育部、工业和信息化部、国家民委、民政部、国土资源部、环境保护部、农业部、文化部、卫生计生委、质检总局、新闻出版广电总局、体育总局、食品药品监管总局、安全监管总局、林业局、旅游局、中科院、社科院、工程院、地震局、气象局、自然科学基金会、文物局、全国总工会、共青团中央、全国妇联等单位参加。

四、组织实施和保障条件

（一）组织领导。

——国务院负责领导《科学素质纲要》实施工作。各有关部门按照《科学素质纲要》的要求和本实施方案的分工安排，将有关任务纳入本部门本系统的相关工作规划和计划，充分履行工作职责，发挥各自优势，密切配合，形成合力。中国科协要发挥综合协调作用，做好日常沟通联络工作，会同有关方面共同推进公民科学素质建设。

——地方各级政府负责领导当地的《科学素质纲要》实施工作。要把公民科学素质建设作为推动地区经济社会发展的一项重要工作，纳入本地区经济社会发展总体规划，把实施《科学素质纲要》的重点任务列入年度工作计划，纳入目标管理考核。要因地制宜，制定本地区"十三五"全民科学素质行动的实施方案。要完善公民科学素质建设工作机制，加大政策支持和投入，为实施《科学素质纲要》提供保障，全面推进本地区公民科学素质建设。

——加强《科学素质纲要》实施的督促检查，推动各项工作任务和目标的落实。

（二）长效机制。

——建立完善共建机制。全民科学素质纲要实施工作办公室与地方政府建立公民科学素质建设共建机制，形成一级带一级、层层抓落实的工作局面。

——建立科研与科普相结合的机制。继续落实在符合条件的国家科技计划项目中增加科普任务，将科普工作作为国家科技创新工作的有机组成部分，提高科普成果在科技考核指标中所占比重。完善国家科技报告制度，推动重大科技成果实时普及。中科院、工程院的院士专家带头面向公众开展科普活动。

——建立完善监测评估机制。完善公民科学素质调查体系，定期开展中国公民科学素质调查和全国科普统计工作，客观反映公民科学素质建设情况，为《科学素质纲要》实施和监测评估提供依据。加强公民科学素质建设的理论研究，把握公民科学素质建设的基本规律和国际发展趋势，建立符合我国国情的科学素质发展监测指标体系，创新公民科学素质建设的评估方法，适时开展公民科学素质建设第三方评估。

——建立完善社会动员机制。深入开展全国文明城市、国家卫生城市、全国科普示范县（市、区）、全国科普教育基地等创建活动，进一步形成政府推动、社会参与的良性机制。按照国家有关规定，对在公民科学素质建设中作出突出贡献的集体和个人给予奖励和表彰，大力宣传先进人物和典型经验。加强科普的国际交流与合作，用好国际国内两种资源，提高我国公民科学素质建设的国际影响力。

（三）保障条件。

——政策法规。在国家和地方的国民经济和社会发展规划、相关专项规划以及有关科技教育、传播与普及的法律法规中，体现公民科学素质建设的目标和要求。完善促进公民科学素质建设的政策法规，推进《中华人民共和国科学技术普及法》实施条例和地方科普条例的研究制定工作，落实有关鼓励科普事业发展的税收优惠等相关政策，研究制定全民科学素质行动长远发展规划，为提高全民科学素质提供政策保障。

——经费投入。各级政府根据财力情况和公民科学素质建设发展的实际需要，逐步提高教育、科普经费的投入水平，并将科普经费列入同级财政预算，国家、省、地市、县四级合理分担科普财政投入。中央财政根据财政状况，继续支持对地方公民科学素质建设相关的转移支付。地方各级政府安排一定的经费用于公民科学素质建设。各有关部门根据承担的《科学素质纲要》实施任务，按照国家预算管理的规定和现行资金渠道，统筹考虑和落实公民科学素质建设所需经费。加强对科普经费、公民科学素质建设经费等专项经费使用情况的绩效考评，确保专款专用和使用效果。通过众筹众包、项目共建、捐款捐赠、政府购买服务等方式，鼓励和吸引社会资本投入公民科学素质建设。

（四）进度安排。

——启动实施。2016年，推动和指导各地制定本地"十三五"全民科学素质工作实施方案并启动实施工作。做好"十三五"《科学素质纲要》实施动员和宣传工作。

——深入实施。2017—2020年，针对薄弱环节，继续完善工作机制，解决突出问题，全面推进各项重点任务的实施。深入开展调查研究，启动我国全民科学素质行动长远发展战略研究工作。

——总结评估。2020年，组织开展督查，对"十三五"期间和《科学素质纲要》颁布实施以来的全民科学素质工作进行总结和全面评估，按照国家有关规定开展表彰奖励。

关于进一步加强环境保护科学技术普及工作的意见

环发〔2015〕66号

各省、自治区、直辖市环境保护厅（局）、科技厅（委、局）、科协，新疆生产建设兵团环境保护局、科技局、科协，解放军环境保护局，辽河凌河保护区管理局，各有关单位：

环境保护科学技术普及工作（以下简称环保科普工作）对于提升全民环境科学素质、鼓励公众参与环境保护、落实国家创新驱动发展战略工作具有非常重要的作用。为贯彻党的十八大，十八届三中、四中全会精神，加快推动生态文明建设，根据《中华人民共和国环境保护法》《中华人民共和国科学技术普及法》和国务院印发的《全民科学素质行动计划纲要（2006—2010—2020年）》等法律和文件要求，对进一步加强环保科普工作提出以下意见。

一、指导思想和工作目标

（一）指导思想

以中国特色社会主义理论为指导，紧密围绕生态文明建设和环境保护工作重点，针对社会公众热点需求，坚持"政府主导、协同推进、社会参与、注重实效"的工作原则，以服务环保、服务社会为宗旨，以大幅提升公众环境科学素质为重点，不断增强全社会参与保护环境的自觉性、主动性、科学性，为全面推进生态文明建设提供有力支撑。

(二) 工作目标

环保科普工作要以改善环境质量、保障公众健康为切入点，大力宣传《中华人民共和国环境保护法》《大气污染防治行动计划》《水污染防治行动计划》等法律和规范性文件，围绕环保工作重点、难点，以及细颗粒物（PM2.5）污染、饮用水安全、土壤污染、重金属污染、废弃物处理处置、核与辐射安全、有毒有害化学品风险防范、环境与健康等社会热点和焦点，有针对性地开展科普资源开发、活动设计、知识传播等。

建立完善的环保科普体系和工作机制，切实提高环保科普能力；有效整合环保科普资源与传播渠道，实现环保科普资源共建共享；培育和创建品牌环保科普活动，实施重点人群环保科普行动，全面推动环保科普工作发展。

到2020年，基本建立起政府主导、社会参与的环保科普工作机制，形成联合、联动、共享的环保科普工作格局。创作一批公众喜闻乐见的环保科普作品；打造3—5个全国性环保科普品牌活动；创建一批国家级和省级环保科普基地，国家环保科普基地总数达到100家；构建多层次、多形式的全媒体科普传播模式；公民环保意识和科学素质水平明显提高。

二、重点任务

(三) 繁荣环保科普作品创作。开展原创性环保科普图书、译著、文章、动画、视频等作品创作；鼓励各级环保、科技、科协部门，以及科研院所、环保监测中心（站）、学会、环保宣教中心等与出版机构合作，创作市场化的、适合不同重点人群阅读、适应不同传播渠道的科普图书、挂图、影视作品；鼓励环保科研人员主动针对公众疑惑撰写科普文章，通过报刊、网络等媒体及时传播。

推动环保科研成果科普化。各级环保、科技、科协部门应在财政支持的、具备条件的科研项目中率先开展科研成果科普化试点，开发创作系列科普产品，增加科普成果产出考核要求，鼓励通过图书、视频、专题片、动画等形式，开展环保科研成果的传播与推广。

鼓励社会力量开展环保科普作品创作。通过资助、政府采购等形式支持和鼓励社会组织以多种形式创作环保科普作品；支持办好"全国环保科普创意大赛"等创作平台，充分调动公众、艺术院校等力量创作高质量的科普动画、漫画、视频等作品。

（四）积极开展科普活动。各级环保、科技、科协部门在科技活动周、全国科普日、"六.五"世界环境日、国际生物多样性日等全国性重大活动期间，应积极开展公众喜闻乐见、环保特色突出的科普活动；鼓励各级环保、科技、科协部门，以及学会、环保宣教中心等举办各类环保主题科技竞赛、讲座、展览、培训和交流等活动。各级环保、科技、科协部门要加强联合，针对各地环保工作重点，因地制宜开展科普下乡、科普进社区、科普进学校系列活动。继续组织好"大学生志愿者千乡万村环保科普行动""环保嘉年华"等全国性品牌活动。

（五）搭建环保科普资源共享平台。以建设中国环保科普资源网为重点，办好科普新闻、科普资讯、科普活动、资源产品、科普知识和科普基地等栏目；积极整合、集成现有环保科普资源，实现共建共享，充分发挥国家级资源平台的作用，实现环保科普资源的上传下载功能，为各地环保科普工作的开展提供高质量的科普资源。定期收集整理环保科普资源，公布资源清单。积极与中国科普网、中国科普博览、中国数字科技馆等科普资源平台进行合作，实现共建共享。支持核与辐射安全科普网络平台建设。

（六）加强环保科普基地建设。完善环保科普基地评估指标体系和机制，指导国家环保科普基地创建工作。进一步加强已命名国家环保科普基地能力建设，加强监管考核，增强基地的主观能动性，充分发挥其功能和作用。国家环保科普基地应进一步突出环保科普特色，利用自身优势，在做好经常性科普工作的同时，积极开展进学校、进社区、进村镇等主题科普活动，办好环保专题网站（页）。省级环保、科技部门可结合本地区经济社会发展情况和环保科普工作需要，创建一批省级环保科普基地。

（七）推进环保科技资源开放。充分发挥各级科研院所、环保监测中心（站）、重点实验室、工程技术中心、野外观测台站、自然保护区，以及城镇污水处理厂、垃圾处理厂、核电站等企事业单位，利用自身科技资源，在环保科学传播、科普活动开展等方面发挥专业优势，面向公众开展形式多样的环保科普活动，通过"请进来"答疑解惑，主动回应公众关切。各级科研院所、环保监测中心（站）等单位要逐步提升环保科普能力，建立和完善面向社会的定期开放制度，重点组织开展面向青少年、城镇社区居民的各类环保科普活动。

（八）利用全媒体传播模式和平台开展环保科普传播。充分研究传统媒体与新媒体在环保科技传播领域的优势和应用特点，探索新老媒体融合互补、相得益彰的环保科普全媒体传播模式。

建立健全环保部门与媒体的沟通、协调、交流机制，着力提高环保科学传播的主动性、准确性和权威性；以各级环保部门官方网站科普网页、栏目为核心，通过微信、微博、手机应用程序（APP）等手段，为公众提供丰富、多样、可选、便捷的科普服务；做好环境热点问题和突发环境事件的舆论引导，探索开展应急性环保科普活动的方式、方法；探索建立与门户网站等公共服务平台的合作机制和信息发布联动机制，针对热点问题开设专栏、专版、专题。

（九）加强环保科普人才队伍建设。加强专兼职环保科普人才和环保科普志愿者队伍建设，培养和造就一支规模适度、结构优化、素质优良的环保科普人才队伍；团结和联系一批热心科普工作的科学家、技术和管理专家，为环保科普工作提供咨询。建立动态环保科普专家库，完善环保科技界与媒体界的合作机制，形成快速的科普反应能力。建立环保科普人员培训制度，着力提升环保科普人员的科学素质和业务水平。组织开展环保科普人员、专家与新闻工作者的交流培训，提高环保科普传播水平。完善环保科普人才队伍建设机制。

（十）积极引导社会力量参与环保科普。积极探索环保科普工作市场发展机制，支持引导社会专业机构参与环保科普音像制品、游戏、资源包、展教具等产品的设计、研发和生产。各级环保、科技、科协部门要支持环保社会团体联系、影响一批具备条件的科研机构、高等院校的专家、学者，发表科普作品、举办科普讲座、参与科普活动。

三、重点人群科普工作

（十一）加强青少年环保科普工作。结合青少年特点及社会实践活动，做好中小学环保科普工作。以《中华人民共和国环境保护法》（2014年修订）实施为契机，推动环保意识、环境科学知识进课堂。鼓励开展形式多样的综合实践、参观体验、知识竞赛、专题讲座等活动。支持、推动中小学校与本地区的国家环保科普基地、环保科研院所、监测中心（站）等机构建立相对稳定的联系，充分利用校外科普资源开展教学实践活动。

（十二）持续开展面向农村农民的环保科普工作。针对农村、农民的特点，围绕农村生产生活、村容村貌、致富增收，开发喜闻乐见、通俗易懂的环保科普宣传品。利用好科技列车、科普大篷车、流动科技馆、农家书屋、院士专家西部行等科普载体，大力开展环保科普活动，普及农村环保知识和实用环保技术，提高广大农民的环保意识，促进农民养成环境友好的生产生活方式。

（十三）加强城镇劳动者和社区居民环保科普工作。以各类主题宣传日为载体，重点开展PM2.5防控、城镇污水与垃圾处理、电子废物分类回收处理以及资源节约、节能减排、绿色消费等主题科普活动。在重点核设施周边城镇和社区，加强核与辐射环保科普活动。利用社区科普大学、社区活动室、社区宣传栏、社区书屋等载体，开展形式多样、内容丰富的活动。

（十四）推动领导干部和公务员的环保知识培训。各级环保、科技、科协部门要积极推进将环保纳入各级党校、行政院校、干部学院教学内容，以生态文明建设、可持续发展战略、环境保护规划、环境保护法规等为重点，组织环保专家授课，提高领导干部环保决策能力。结合教学培训需求，积极开展多层次、多渠道、分类别、重实效的环保科技知识培训工作。在公务员培训中,进一步强化环保法规、政策、标准的培训内容,提高环境管理水平和能力。

四、保障措施

(十五)加强领导,明确责任。各级环保、科技、科协部门要提高对环保科普工作重要性的认识,加强沟通与协作,促进资源共享,共同推动落实各项工作任务。各级环保部门要进一步加强对环保科普工作的领导,强化环保科普工作职责和任务,做好环保科普系统设计,将环保科普工作纳入各地环境保护工作规划,制定环保科普工作实施方案,明确任务、落实责任、形成合力、扎实推进,构建内外联合、上下联动、资源共享的工作方式。

(十六)拓宽渠道,增加投入。各级环保、科技、科协部门要按照国家预算管理的规定和现行资金渠道,统筹考虑和安排一定的专项经费用于环保科普工作,在国家相关科技计划中,增加科普任务和经费。要积极创造条件,鼓励引导社会资金投入,逐步建立多层次、多渠道的环保科普投入体系。

(十七)多方参与,共同推进。各级环保、科技、科协部门应以进一步转变政府职能为契机,加大向社会力量购买服务的力度,支持具有条件的学会等环保社会团体和环保宣教中心等事业单位承担环保科普任务,发挥学会等社会团体的环保科普主力军作用。充分调动其他社会组织和企业参与环保科普工作的积极性,形成全社会共同推动环保科普工作的合力。

(十八)绩效考核,表彰激励。将科普工作和科普成果纳入各级环保部门、科研院所、监测中心(站)等单位和个人的绩效考核,调动环保科技工作者开展环保科普工作的积极性。在各级环境保护科学技术奖中增设科普项目，表彰、奖励环保科普成果；各级环保、科技、科协部门，要对在环保科普工作中成绩突出的先进集体和个人给予表彰奖励。

（十九）加强交流，示范推广。搭建与国际、港澳台地区的环保科普交流合作平台，促进科普文化互助发展。加强国内地区间、行业间的环保科普经验交流学习，做好科普基地、品牌项目活动的经验示范和宣传推广，提升环保科普工作实效。

环境保护部
科技部
中国科协
2015 年 6 月 8 日

关于全面推进卫生与健康科技创新的指导意见

国卫科教发〔2016〕50号

各省、自治区、直辖市卫生计生委、科技厅（委、局）、食品药品监管局、中医药管理局，新疆生产建设兵团卫生局、人口计生委、科技局、食品药品监管局，军队有关卫生部门：

根据党中央、国务院关于加快实施创新驱动发展战略、建设创新型国家和推进健康中国建设的要求，为深入贯彻落实《中共中央 国务院关于深化体制机制改革加快实施创新驱动发展战略的若干意见》（中发〔2015〕8号）、《国家创新驱动发展战略纲要》（中发〔2016〕4号）、《健康中国2030规划纲要》、《"十三五"国家科技创新规划》（国发〔2016〕43号）和《中医药发展战略规划纲要（2016—2030年）》等一系列重大决策部署，加快形成满足需求、协同高效的卫生与健康科技创新体系，显著增强科技对推进"健康中国"建设的引领和支撑能力，全面推进卫生与健康科技创新，现提出如下意见。

一、总体思路、基本原则和主要目标

（一）总体思路。

没有全民健康，就没有全面小康，提升13亿多人民的健康水平和实现"健康中国"建设目标需要科技创新的引领和支撑。让人民享有更好的医疗卫生服务、更放心的食品药品，解决重大疾病防控、生殖健康、食品药品安全、营养与健康、人口老龄化等重大民生问题，离不开科技创新；打破重要专利药物市场被国外垄断、高端医疗装备主要依赖进口的局面，从根本上缓解看病贵，迫切需要科技创新；在生命科学和生物医药技术等前沿领域实现新突破，满足国家战略布局需求，根本在于科技创新。卫生与健康领域的科技创新是建设创新型国家的重要内容，是引领卫生与健康事业发展的原动力，是促进健康产业发展的关键举措。

我国卫生与健康科技的某些重要领域已跻身世界先进行列，一些前沿方向开始进入并行、领跑新阶段，但卫生与健康科技创新的整体能力和发展水平与满足人民群众健康及国家战略需求相比仍有不小差距。卫生与健康科技创新必须面向"健康中国"建设、面向卫生与健康事业改革发展重大需求、面向生物医药科技前沿，以保障人民健康、促进健康产业发展为目的，遵循卫生与健康科技创新规律，推进科技创新和卫生与健康工作全面融合，以加快构建体现中国特色和行业特点的协同高效科技创新体系、发挥科技创新人才的关键作用、促进科技成果转移转化、改革完善卫生与健康科技创新体制机制等为重点，着力提升自主创新能力、着力激发创新创业活力、着力推动成果转移转化应用、着力营造创新环境，引领和支撑"健康中国"目标的实现。

（二）基本原则。

——服务需求。坚持问题导向，围绕"健康中国"建设和深化医改需求，将全方位、全周期保障人民健康作为科技创新的出发点和落脚点，推动科技创新和卫生与健康事业全面融合，立足解决保障人民健康、促进健康产业发展的关键科技问题，加强新技术、新产品研发与转移转化，全面增强自主创新能力。

——人才为先。将人才作为科技创新的第一资源,落实人才优先发展战略,改革人才培养使用机制,注重强化激励机制,充分体现智力劳动价值,着力激发和调动科技创新人才的活力和潜能。

——协同开放。大力推动"医研企"等多种形式的协同创新,鼓励多机构联合和跨学科融合;构建开放创新平台,加强科技资源开放共享;主动融入全球创新网络,最大限度用好全球创新资源,深化国际交流合作;大力推进中医药走向世界,发挥国际引领作用。

——深化改革。遵循科学研究的探索发现规律,强化技术创新市场导向机制,营造良好创新氛围和环境;加快政府职能转变,坚持"放管服"结合,破除阻碍科技创新的体制机制,建设激励创新与成果转移转化的良好政策环境。

(三)主要目标。

到2020年,卫生与健康科技创新在国家科技创新体系诸领域中位居前列,中国特色的卫生与健康科技创新体系的整体效能显著提升,科技实力和创新能力大幅跃升,有力支撑"健康中国"建设目标的实现。

——创新体系更加协同高效。适应创新驱动发展战略要求、符合科技创新规律和行业特点、协同高效的卫生与健康科技创新体系不断完善,结构合理、素质优良的高水平科技创新人才队伍不断壮大,运行高效的科技成果转移转化体系基本形成。

——自主创新能力大幅提升。重大疾病防治和健康保障技术、创新药物和高端医疗设备研发等重点领域的科技创新能力大幅度提高,在精准医学、新药创制、健康保障等若干领域突破关键技术并形成独特优势,整体水平由跟跑为主向并行、领跑为主转变,国际竞争力不断增强。

——支撑引领作用显著增强。在创新型国家建设中的地位作用更加凸显,在"健康中国"建设和深化医改中的核心引领和支撑作用更加突出,在促进健康产业发展和优质医疗卫生资源普惠共享、提高人民健康水平等方面的贡献度显著提升,科技创新成果更多为人民共享。

——创新环境更加优化。激励科技创新的制度和政策体系基本健全,知识产权保护更加严格,科技创新管理和治理能力明显提高,科研院所管理体制与发展机制更加科学,创新创业的文化氛围更加浓厚。

到2030年,卫生与健康科技创新体系更加完备,创新能力得到根本提升,对保障人民健康和促进健康中国建设中的引领支撑作用更加突出,卫生与健康科技创新实力位居世界创新型国家前列。

二、加快建设协同高效的卫生与健康科技创新体系

(一)激发各类创新主体的活力。

进一步明确医疗卫生机构、科研院所、高等院校、食品药品检验检测机构、企业等各类创新主体的功能定位,加速构建各类创新主体协同高效的卫生与健康科技创新体系。进一步突出医疗卫生机构创新资源聚集平台的作用,重点开展临床诊疗标准规范、重大产品技术研发及重大疾病防控策略等研究。发挥科研院所和高等院校知识创新主体的作用,高等院校重点加强自由探索的基础研究,科研院所重点加强共性、公益、可持续发展的相关研究,增加公共科技供给。增强企业创新主体地

位和主导作用,培育有国际影响力的行业领军企业。坚持共建共享、广泛参与,鼓励医疗卫生机构、科研院所、高等院校、食品药品检验检测机构、企业等采取联合建立研发平台、技术创新联盟等形式,共同开展研究开发、成果应用推广、标准研究制定等,促进多学科融合的医产学研协同。鼓励和引导新型研发机构的发展,大力发展科技中介服务机构,充分发挥科技社团组织的作用,为科技创新提供多种形式的专业化、社会化、规范化服务。

(二)系统布局高水平创新基地平台和重大项目工程。

加强卫生与健康科技创新基地和平台建设。瞄准生物医药科技前沿,聚焦重大需求,加强系统整合布局。积极推动卫生与健康领域国家实验室建设,继续加强国家重点实验室、国家转化医学中心、国家技术创新中心、国家临床医学研究中心、委级重点实验室及中医药临床研究基地建设;深化省部合作机制,布局一批特色鲜明的省部共建重点实验室和工程技术中心;加强各类科研基础设施、大型科学仪器装置、科技文献信息资料、生物样本等资源性和数据性平台建设,推进国家人类遗传资源中心建设,加强高等级生物安全实验室网络和国家菌(毒)种保藏中心等建设。

组织实施一批重大项目工程。紧密结合健康中国建设重大需求,积极实施面向2030年"健康保障工程"。继续做好新药创制和传染病防治科技重大专项以及精准医学、重大慢病、生殖健康和出生缺陷防控等重点研发计划重点专项的组织实施,力争启动一批新的国家重点研发计划项目。组织实施中国医学科学院"医学与健康科技创新工程"。围绕地方需求,鼓励地方与国家重大项目工程衔接，支持地方加强项目工程的实施。

（三）加强临床医学研究体系与能力建设。

全面加强临床医学研究。依托国家临床医学研究中心和协同研究网络，充分发挥医疗机构在需求提出、研究组织、成果转化应用和人才培养中的核心作用。组织多中心临床研究、协作攻关研究和临床药学人才培养基地建设；定期开展重要疾病本底流行病学研究，为重大疾病防治研究提供依据。加强诊疗规范技术标准研究，成为国际规范和指南的依据。选择创新药物及疗效确切的重大产品技术联合协同攻关，在部分应用关键技术上形成突破。积极推进药物临床综合评价体系建设。结合临床医学研究中心等创新基地建设，努力打造临床研究创新团队

加大稳定支持临床研究投入力度。积极争取设立专门面向临床研究的科研计划和项目，探索设立自主创新的临床研究项目。积极支持临床研究基础性工作，采取多种形式稳定支持临床医学多中心研究和大规模队列研究，推动建设开放共享的国家健康医疗大数据中心和规范化生物医学标本库，建立满足临床研究需要的基础性平台。

（四）大力推动中医药科技创新。

推进中医药传承与创新。进一步丰富和发展中医理论，组织编纂《中华医藏》，系统继承、整理和挖掘中医药古籍。充分发挥中医药在重大疾病防治领域的优势特色，加强对重大疑难疾病、常见病、多发病、慢性病和传染病的中医药防治研究，重点解决中医药临床难题以及制约中医药疗效发挥和提高的瓶颈问题。健全中医治未病技术与服务体系，提升中医康复服务能力和规范化水平，加强具有自主知识产权的中医医疗器械研

发。进一步提升民族医药科技创新能力，加速完善中医药科技成果的评价和转化体系。

推进中药保护和发展。加强中药资源保护和利用。建立中药种质资源保护体系。开展第四次全国中药资源普查，建立覆盖全国中药材主要产区的资源监测网络。促进中药工业转型升级。提高中药资源保障水平和新药研发能力。推动民族医临床医疗规范化与标准化，保障民族药资源与适生生态环境安全、保障临床用药的质量与稳定供给。实施中药标准化行动计划，持续推进中药产业链标准体系建设，加快形成中药标准化支撑服务体系，引领中药产业整体提质增效，切实保障百姓用药安全有效。

（五）构建开放协同的科技创新网络。

加强卫生与健康科技资源开放共享。研究制定科技资源开放共享管理办法，加强科研仪器、科研设施、科学数据、科技文献信息资料、生物样本等平台体系建设，整合完善科技资源共享服务平台，着力解决科技资源缺乏整体布局、重复建设和闲置浪费等问题。

大力推动"医研企"协同创新。以技术市场、资本市场和人才市场为纽带，以资源开放共享为手段，加强医疗卫生机构、科研院所、高等院校、食品药品检验检测机构和企业等各类创新主体合作，构建协同创新的体制机制和模式，促进医产学研紧密结合，建设一批具有强大带动力的"医研企"协同科技创新示范基地和团队，发挥引领示范作用。

积极推动区域协同创新。发挥省部共建机制的作用，加强中央和地方、部门之间、军地之间协同联动。发挥区域优势，利用北京、上海等地科技创新中心建设契机，提高区域卫生与健康协同创新能力。鼓励先行先试，推动我国重点区域的卫生与健康创新驱动与产业转型升级。

注重"全链条"协同创新。围绕产业链部署创新链，围绕创新链完善资金链，以加快临床诊疗和疾病防控等应用为导向，统筹推进基础研究、应用研究、产品研发、临床应用与规范化推广、成果转移转化和产业化等环节的"全链条"创新。统筹推进生物医药、医疗器械、医疗技术与服务、食品药品安全、健康医疗大数据以及健康医疗服务管理模式等"全链条"创新。加强多学科交叉，支持技术与产业融合、科技与金融结合。

三、加快培育和集聚高水平创新人才队伍

（六）大力培养和引进高层次科技创新人才。

大力培育科技创新领军人才。以国家高层次人才计划、国家重大科技研发平台和科技计划项目为依托，对人才、项目和团队等进行多途径支持，造就一批科技创新领军人才，着力培养一批优秀学科带头人、首席科学家、临床研究领军人才；依托各类"医研企"创新基地，加快培养一批科技成果转移转化领军人才。

积极实施海外高层次人才引进计划。以国家级人才引进项目为载体，广泛吸引留学和海外高层次人才回国（来华）从事创新研究。采取团队引进、核心人才带动引进等方式，对高精尖人才、优秀人才、急需紧缺的特殊人才等不同类型的海外高层次人才，分类开辟专门渠道，实行特殊政策，实现海外高层次人才的精准、快速引进。

（七）着力打造尖子人才和培育青年英才。

培养一批科技创新尖子人才。进一步做好"有突出贡献的中青年专家"选拔，打造卫生与健康科技创新的中坚力量；重点培养一批基础研究型、临床与公共卫生研究型、产业转化型的创新尖子人才。鼓励团队协作，培养一批创新目标明确、结构合理、核心竞争力突出的科技创新骨干团队；积极开展科研能力培训，提高尖子人才的研究规范化水平、研究组织和团队管理能力。

积极培育科技创新青年英才。实施卫生与健康科技创新青年英才培养工程，培养造就一批40岁以下的科技创新青年人才；加大对杰出青年研究人员、优秀医生和公共卫生人员等青年英才的资助力度，积极发现、引导、支持并培育有创新潜力的青年科研人才，使其逐渐成长为创新型尖子人才。推动人才工程项目与各类科技创新基地计划相衔接，建立创新人才培养示范基地；加强大型医疗机构研究型医生和专职科研队伍建设，提升临床研究水平；创新人才教育培养模式，推进复合型人才培养教育改革；强化医教协同，鼓励"医研企"协同人才培养。

（八）培养一支服务创新的专业化科技管理队伍。

把科技管理人才培养、使用和激励纳入人才队伍建设总体规划，通过多种途径培养造就一批卫生与健康领域专业化和职业化的科技管理队伍。加大医疗卫生机构、科研院所、高等院校、食品药品检验检测机构及行政机关科技管理人才的培训力度，造就一批具有国际视野和战略思维，具备较强卫生与健康科技政策研究、综合协调和组织实施能力的科技管理领导人才。创造条件为科技管理人才提供发展空间，造就一批富有创新精神和服务意识、具备较强科技业务管理能力的专业人才，不断提高科技管理水平和服务能力。

（九）完善科技人才管理与服务保障制度。

全面落实《关于深化人才发展体制机制改革的意见》，充分发挥用人主体在人才培养、引进和使用中的主导作用，创新医疗卫生事业单位编制管理方式，提升用人单位在人才选拔聘用、职称评定及考核评价等方面的自主性，落实单位用人自主权。健全科技人才流动机制，破除人才流动障碍，允许科研人员依法依规适度兼职兼薪，鼓励和支持人才创新创业，提高行业整体创新活力；建立高层次、急需紧缺人才优先落户制度，完善社会保险关系转移续接办法，为人才流动提供便利条件；探索高层次卫生与健康科技人才协议工资制等分配办法，完善基础研究人才稳定支持机制，加大对临床和公共卫生等科技创新人才的扶持力度。

建立健全专业化、社会化、市场化的人才管理服务体系，积极培育卫生与健康科技领域的各类社会组织和人才中介服务机构，有序承接人才培养、评价、流动、激励等职能。建立卫生与健康科技人才诚信体系和失信惩戒机制。

（十）健全科技人才分类评价激励机制。

改进人才评价考核方式。根据创新领域和类型的不同，遵循卫生与健康行业和科技创新活动特点，以科技创新质量、贡献、绩效为导向，科学评价科技成果的科学、技术、经济和社会价值等。基础医学等研究领域以同行评价和科学价值评价为主，突出中长期目标导向，评价重点从成果数量转向质量、原创价值和学术贡献等，建立以论文质量及发表引用、专利数量为主的评价标准。临床医学、公共卫生等应用研究领域以实现国家目标和社会价值评价为主，注重技术转移和科研成果对诊防治等服务的影响评价，建立以研发能力、实际贡献、转化应用、技术服务、健康改善和产业发展等为导向的评价标准。

改革薪酬和人事分配制度。引导科研院所和医疗卫生机构等非科研编制事业单位建立以增加知识价值为导向、与岗位职责目标相统一的收入分配制度和稳定增长机制，逐步提高科研人员的基本工资保障水平和基础性绩效工资水平；绩效分配改革和职称评定中要注重体现科技创新贡献，向科技创新人才倾斜；制定政策措施，激励科研人员开展公益性研究、提供公益性服务。扩大机构和团队的创新成果使用和处置自主权，提高科研人员成果转化收益比例。

健全"职务发明"奖励制度。坚持长期产权激励与现金奖励并举，探索对科技人员实施股权、期权和分红激励，提高主要发明人收益比例。对于积极参与"医研企"协同创新的机构给予支持鼓励，促进协同创新。

四、积极推动科技成果转移转化和推广应用

（十一）实施卫生与健康科技成果转移转化行动。

建设一批卫生与健康科技成果转移转化示范基地。支持医疗卫生机构、高等院校、科研院所、食品药品检验检测机构、骨干医药企业和生物医药高新技术产业园区等联合建立研发机构和科技成果转移转化中心，构建协同研究网络和多种形式的产业技术创新联盟，组织科技人员开展科技成果转移转化。

实施适宜技术推广行动计划。围绕重大疾病防治需求，与扶贫工作相结合，提高基层医疗卫生机构服务能力和水平，制定适宜技术推广目录，建设一批适宜技术推广应用示范基地，实施一批适宜技术示范项目。实施专家服务基层行动计划、适宜技术项目推广和卫生与健康科技扶贫计划等。

加强科技成果转移转化机构和队伍建设。引导医疗卫生等机构和企业联合建设科技成果转移转化机构；支持医疗卫生等机构建立健全内部成果转移转化机构，设立专门部门，完善内部技术转移功能；引导一批公益类科研院所转制为非营利性科技服务机构，鼓励社会资本或企业参与科技服务机构建设，采取多种形式大力培育和发展卫生与健康科技创新服务、科技成果转化评估评价、知识产权和专利服务等机构；发挥科技社团促进成果转移转化的纽带作用。建设一支专业化的科技成果转移转化队伍，依托有条件的地方和机构建设一批技术转移人才培养基地。

大力加强卫生与健康领域的科学普及工作。积极推进国家科普示范和特色基地建设，大力开展群众性科普活动，利用信息技术手段普及健康生活，提高健康素养。

（十二）建立健全促进科技成果转移转化的制度。

推动卫生与健康科技成果的开放共享。研究制定卫生与健康科技成果信息汇交管理办法，建立卫生与健康科技成果转移转化报告制度，推动卫生与健康科技成果的开放共享。依托专业机构建设国家卫生与健康科技成果转移转化和适宜技术推广应用信息平台，加强科技成果转移转化服务工作。建立卫生技术评估体系，制定卫生技术评估实施意见，发展循证医学，加强卫生与健康技术评估。

完善科技成果转移转化激励制度。完善收益分配制度，下放科技成果转移转化收益处置自主权。医疗卫生机构、科研院所、高等院校和食品药品检验检测机构等机构要研究制订科技成果转移转化收益分配的具体办法，为科技成果转移转化提供政策依据。落实国家科技成果转移转化相关法律法规，建立促进科技成果转移转化的绩效考核评价体系和激励政策。建立有利于科技成果转移转化的人事管理制度，鼓励医疗卫生机构、高等院校、科研院所、食品药品检验检测机构、企业及其他组织开展科技人员交流，支持本单位科技人员以在职创业、离岗创业等方式到企业及其他组织从事科技成果转化活动。健全知识产权保护制度，加强医疗卫生机构、科研院所、高等院校和食品药品检验检测机构等机构的知识产权管理制度建设。规范科技成果转移转化程序，明确科技成果转移转化形式，合理确定转化价格，对科技成果的使用、处置实行公示制度，明确并公开异议处理程序和办法。

五、推动科技创新管理体制机制改革

（十三）改革卫生与健康科技管理体制。

改革完善卫生与健康科技管理体制。转变政府职能，合理划分中央和地方、同级政府不同部门的科技管理事权，充分发挥卫生与健康行业主管部门在科技战略规划与政策制定、创新需求凝练、任务组织实施、成果推广应用、监督评估等作用。探索建立中央和地方的卫生与健康科技创新管理联动机制，加强科技管理部门和行业主管部门协同，建立健全卫生与健康科技资源统筹协调管理机制。充分发挥科研项目管理专业机构在科技计划（专项、基金等）具体项目管理中的作用，加强科技计划项目管理。成立国家卫生计生委科技创新专家咨询委员会，建设一批卫生与健康科技创新高端智库，为卫生与健康科技创新提供智力支持。

（十四）大力推进医疗卫生机构等事业单位科技创新。

医疗卫生机构等事业单位及人员是国家卫生与健康科技创新体系的重要组成部分，要将医疗卫生机构等非科研编制事业单位及人员的科技创新全面纳入科技创新工作整体布局，科技创新的政策制度安排全面适用于医疗卫生机构等非科研编制事业单位和医疗卫生人员。落实事业单位独立法人地位，加强科研计划和项目管理法人责任，强化科研项目实施单位和承担人的主体责任；法人单位加强科研经费管理、专利保护、成果转化推广、收益处置、科研奖励等内部制度建设，确保科研项目负责人合理享有经费使用和项目管理自主权；坚持科研项目实施情况及结果验收信息的公开透明，接受社会监督。

改革医疗卫生事业单位管理体制和运行机制。针对医疗机构、公共卫生机构、科研院所等各类事业单位的特点，加强分类指导，推动去行政化改革，探索建立理事会、编制改革和实行全员聘用等。

（十五）改革科研经费管理制度。

全面落实国家激励科技创新的系列政策，在卫生与健康领域加快落实中央财政科研项目资金管理的有关政策，提高用于人员的经费比例，取消劳务费比例限制，发挥财政科研项目经费在知识价值分配中的导向作用，建立符合科技创新规律的财政科技经费监管制度。推行任务导向的经费管理制度，提高经费使用的灵活性，加大绩效激励力度。

（十六）改革完善科技成果准入应用等制度。

建立并完善医疗新技术、新产品的分类监管制度，加强准入和应用管理。完善新技术临床研究及应用管理制度，规范科研成果转化为临床诊疗标准、技术规范等的程序。改进药品临床试验审批,加强临床试验基地建设和规范管理。持续加强药物和医疗器械创新能力建设和产品研发,落实创新药物及医疗器械的特殊审评审批制度,加快临床急需新药的审评审批。试点开展药品上市许可持有人制度。简化药品审批程序,完善药品再注册制度。推动建立创新技术和产品市场准入与医保制度的衔接制度以及优先使用创新产品的采购政策,让人民群众尽早获益。完善涉及人的生物医学研究伦理审查办法,加强生物安全监管能力建设,确保生物安全。

六、进一步加强对卫生与健康科技创新工作的领导

(十七)加强组织领导,落实"科卫协同"机制。

切实加强对卫生与健康科技的组织领导。把科技创新工作放在卫生与健康事业发展全局的核心位置,将科技创新贯穿于健康中国建设和深化医改全过程,强化科技创新驱动事业发展的作用。各级政府及相关部门加强对卫生与健康科技的组织领导,制定鼓励创新的各项政策措施并监督落实。

落实"科卫协同"机制。加强科技主管部门和行业主管部门的协同,共同进行卫生与健康领域科技创新的顶层设计,协同谋划并组织实施重大科技项目和工程,推进卫生与健康领域科技创新体系建设及各项科技创新工作。

(十八)多渠道加大对卫生与健康领域科技创新的投入。

积极争取各级政府加大财政投入。努力争取中央和地方政府对卫生与健康科技创新的投入,逐步提高卫生与健康科技创新投入在政府科技投入中所占的比例;提高卫生与健康科技项目和经费投入的比例,推动重点科研计划、工程项目、基地平

台等的建设和实施。

优化科技投入结构。优化基础研究、应用研究和成果转化的经费投入结构,加大临床医学、公共卫生和应用开发等研究的投入比例和经费稳定支持力度,重点保障基础性、战略性、公益性研究及关键适宜技术转化应用的投入,完善稳定支持和竞争性支持相协调的机制。

吸引企业等各类组织加大投入。鼓励各类企业和社会组织设立公益性、慈善性基金支持卫生与健康科技创新;支持医疗卫生机构等加大对科技创新的自主投入;建立健全鼓励企业加强卫生与健康科技创新投入的综合优惠政策,引导企业增加研发投入;鼓励引导社会资本积极投入卫生与健康科技创新。

(十九)深化国际交流合作。

落实全球健康理念,探索和创新国际交流合作机制与模式,加强协调配合,调动各创新主体积极性。发挥我国疾病资源丰富的优势,参与和主持大型国际科学研究项目和合作网络。着眼卫生与健康科技前沿,引进先进技术和智力资源,加强科技人员国际交流培训;推动卫生与健康先进适用技术、技术装备、高端制剂、疫苗、科技服务输出和合作,开拓技术和产品的国际市场,提高核心竞争力。加强与"一带一路"沿线国家、非洲国家的卫生与健康国际科技合作,促进区域内科技创新要素跨境流动。建立一批卫生与健康科技实验室和联合研发、技术转移、示范服务平台,充分发挥港澳台地区国际前沿的平台优势,推动技术产品全球化应用和人才队伍国际化发展。推动中医药走向世界。

(二十)营造创新文化氛围。

倡导"甘于奉献、潜心科学"的创新文化,营造"敢为人先、大胆质疑、宽容失败"的创新氛围,加强科研诚信建设和规范相关行为,打造风清气正的学术创新风气。及时发现、总结、提升和推广创新经验,采取多渠道的有效举措激励创新,大力营造"大众创业、万众创新"的环境氛围。大力宣传卫生与健康科技创新工作的新成效、地方实践的好经验好做法、科技创新的先进典型,引导形成积极投身科技创新的生动局面。

国家卫生计生委　科学技术部
国家食品药品监督管理总局　国家中医药管理局
中央军委后勤保障部卫生局
2016年9月30日

中华人民共和国促进科技成果转化法

中华人民共和国主席令
第三十二号

《全国人民代表大会常务委员会关于修改〈中华人民共和国促进科技成果转化法〉的决定》已由中华人民共和国第十二届全国人民代表大会常务委员会第十六次会议于2015年8月29日通过,现予公布,自2015年10月1日起施行。

中华人民共和国主席　习近平
2015年8月29日

(1996年5月15日第八届全国人民代表大会常务委员会第十九次会议通过;根据2015年8月29日第十二届全国人民代表大会常务委员会第十六次会议《关于修改〈中华人民共和国促进科技成果转化法〉的决定》修正)

第一章 总 则

第一条 为了促进科技成果转化为现实生产力，规范科技成果转化活动，加速科学技术进步，推动经济建设和社会发展，制定本法。

第二条 本法所称科技成果，是指通过科学研究与技术开发所产生的具有实用价值的成果。职务科技成果，是指执行研究开发机构、高等院校和企业等单位的工作任务，或者主要是利用上述单位的物质技术条件所完成的科技成果。

本法所称科技成果转化，是指为提高生产力水平而对科技成果所进行的后续试验、开发、应用、推广直至形成新技术、新工艺、新材料、新产品，发展新产业等活动。

第三条 科技成果转化活动应当有利于加快实施创新驱动发展战略，促进科技与经济的结合，有利于提高经济效益、社会效益和保护环境、合理利用资源，有利于促进经济建设、社会发展和维护国家安全。

科技成果转化活动应当尊重市场规律，发挥企业的主体作用，遵循自愿、互利、公平、诚实信用的原则，依照法律法规规定和合同约定，享有权益，承担风险。科技成果转化活动中的知识产权受法律保护。

科技成果转化活动应当遵守法律法规，维护国家利益，不得损害社会公共利益和他人合法权益。

第四条 国家对科技成果转化合理安排财政资金投入，引导社会资金投入，推动科技成果转化资金投入的多元化。

第五条 国务院和地方各级人民政府应当加强科技、财政、投资、税收、人才、产业、金融、政府采购、军民融合等政策协同,为科技成果转化创造良好环境。

地方各级人民政府根据本法规定的原则,结合本地实际,可以采取更加有利于促进科技成果转化的措施。

第六条 国家鼓励科技成果首先在中国境内实施。中国单位或者个人向境外的组织、个人转让或者许可其实施科技成果的,应当遵守相关法律、行政法规以及国家有关规定。

第七条 国家为了国家安全、国家利益和重大社会公共利益的需要,可以依法组织实施或者许可他人实施相关科技成果。

第八条 国务院科学技术行政部门、经济综合管理部门和其他有关行政部门依照国务院规定的职责,管理、指导和协调科技成果转化工作。

地方各级人民政府负责管理、指导和协调本行政区域内的科技成果转化工作。

第二章 组织实施

第九条 国务院和地方各级人民政府应当将科技成果的转化纳入国民经济和社会发展计划,并组织协调实施有关科技成果的转化。

第十条 利用财政资金设立应用类科技项目和其他相关科技项目,有关行政部门、管理机构应当改进和完善科研组织管理方式,在制定相关科技规划、计划和编制项目指南时应当听取相关行业、企业的意见;在组织实施应用类科技项目时,应当明确项目承担者的科技成果转化义务,加强知识产权管理,并将科技成果转化和知识产权创造、运用作为立项和验收的重要内容和依据。

第十一条 国家建立、完善科技报告制度和科技成果信息系统,向社会公布科技项目实施情况以及科技成果和相关知识产权信息,提供科技成果信息查询、筛选等公益服务。公布有关信息不得泄露国家秘密和商业秘密。对不予公布的信息,有关部门应当及时告知相关科技项目承担者。

利用财政资金设立的科技项目的承担者应当按照规定及时提交相关科技报告,并将科技成果和相关知识产权信息汇交到科技成果信息系统。

国家鼓励利用非财政资金设立的科技项目的承担者提交相关科技报告,将科技成果和相关知识产权信息汇交到科技成果信息系统,县级以上人民政府负责相关工作的部门应当为其提供方便。

第十二条 对下列科技成果转化项目,国家通过政府采购、研究开发资助、发布产业技术指导目录、示范推广等方式予以支持:

(一)能够显著提高产业技术水平、经济效益或者能够形成促进社会经济健康发展的新产业的;

(二)能够显著提高国家安全能力和公共安全水平的;

(三)能够合理开发和利用资源、节约能源、降低消耗以及防治环境污染、保护生态、提高应对气候变化和防灾减灾能力的;

(四)能够改善民生和提高公共健康水平的;

（五）能够促进现代农业或者农村经济发展的；

（六）能够加快民族地区、边远地区、贫困地区社会经济发展的。

第十三条　国家通过制定政策措施，提倡和鼓励采用先进技术、工艺和装备，不断改进、限制使用或者淘汰落后技术、工艺和装备。

第十四条　国家加强标准制定工作，对新技术、新工艺、新材料、新产品依法及时制定国家标准、行业标准，积极参与国际标准的制定，推动先进适用技术推广和应用。

国家建立有效的军民科技成果相互转化体系，完善国防科技协同创新体制机制。军品科研生产应当依法优先采用先进适用的民用标准，推动军用、民用技术相互转移、转化。

第十五条　各级人民政府组织实施的重点科技成果转化项目，可以由有关部门组织采用公开招标的方式实施转化。有关部门应当对中标单位提供招标时确定的资助或者其他条件。

第十六条　科技成果持有者可以采用下列方式进行科技成果转化：

（一）自行投资实施转化；

（二）向他人转让该科技成果；

（三）许可他人使用该科技成果；

（四）以该科技成果作为合作条件，与他人共同实施转化；

（五）以该科技成果作价投资，折算股份或者出资比例；

（六）其他协商确定的方式。

第十七条　国家鼓励研究开发机构、高等院校采取转让、许可或者作价投资等方式，向企业或者其他组织转移科技成果。

国家设立的研究开发机构、高等院校应当加强对科技成果转化的管理、组织和协调，促进科技成果转化队伍建设，优化科技成果转化流程，通过本单位负责技术转移工作的机构或者委托独立的科技成果转化服务机构开展技术转移。

第十八条　国家设立的研究开发机构、高等院校对其持有的科技成果，可以自主决定转让、许可或者作价投资，但应当通过协议定价、在技术交易市场挂牌交易、拍卖等方式确定价格。通过协议定价的，应当在本单位公示科技成果名称和拟交易价格。

第十九条　国家设立的研究开发机构、高等院校所取得的职务科技成果，完成人和参加人在不变更职务科技成果权属的前提下，可以根据与本单位的协议进行该项科技成果的转化，并享有协议规定的权益。该单位对上述科技成果转化活动应当予以支持。

科技成果完成人或者课题负责人，不得阻碍职务科技成果的转化，不得将职务科技成果及其技术资料和数据占为己有，侵犯单位的合法权益。

第二十条　研究开发机构、高等院校的主管部门以及财政、科学技术等相关行政部门应当建立有利于促进科技成果转化的绩效考核评价体系，将科技成果转化情况作为对相关单位及人员评价、科研资金支持的重要内容和依据之一，并对科技成果转化绩效突出的相关单位及人员加大科研资金支持。

国家设立的研究开发机构、高等院校应当建立符合科技成果转化工作特点的职称评定、岗位管理和考核评价制度，完善收入分配激励约束机制。

第二十一条 国家设立的研究开发机构、高等院校应当向其主管部门提交科技成果转化情况年度报告，说明本单位依法取得的科技成果数量、实施转化情况以及相关收入分配情况，该主管部门应当按照规定将科技成果转化情况年度报告报送财政、科学技术等相关行政部门。

第二十二条 企业为采用新技术、新工艺、新材料和生产新产品，可以自行发布信息或者委托科技中介服务机构征集其所需的科技成果，或者征寻科技成果转化的合作者。

县级以上地方各级人民政府科学技术行政部门和其他有关部门应当根据职责分工，为企业获取所需的科技成果提供帮助和支持。

第二十三条 企业依法有权独立或者与境内外企业、事业单位和其他合作者联合实施科技成果转化。

企业可以通过公平竞争，独立或者与其他单位联合承担政府组织实施的科技研究开发和科技成果转化项目。

第二十四条 对利用财政资金设立的具有市场应用前景、产业目标明确的科技项目，政府有关部门、管理机构应当发挥企业在研究开发方向选择、项目实施和成果应用中的主导作用，鼓励企业、研究开发机构、高等院校及其他组织共同实施。

第二十五条 国家鼓励研究开发机构、高等院校与企业相结合，联合实施科技成果转化。

研究开发机构、高等院校可以参与政府有关部门或者企业实施科技成果转化的招标投标活动。

第二十六条 国家鼓励企业与研究开发机构、高等院校及其他组织采取联合建立研究开发平台、技术转移机构或者技术创新联盟等产学研合作方式，共同开展研究开发、成果应用与推广、标准研究与制定等活动。

合作各方应当签订协议，依法约定合作的组织形式、任务分工、资金投入、知识产权归属、权益分配、风险分担和违约责任等事项。

第二十七条 国家鼓励研究开发机构、高等院校与企业及其他组织开展科技人员交流，根据专业特点、行业领域技术发展需要，聘请企业及其他组织的科技人员兼职从事教学和科研工作，支持本单位的科技人员到企业及其他组织从事科技成果转化活动。

第二十八条 国家支持企业与研究开发机构、高等院校、职业院校及培训机构联合建立学生实习实践培训基地和研究生科研实践工作机构，共同培养专业技术人才和高技能人才。

第二十九条 国家鼓励农业科研机构、农业试验示范单位独立或者与其他单位合作实施农业科技成果转化。

第三十条 国家培育和发展技术市场，鼓励创办科技中介服务机构，为技术交易提供交易场所、信息平台以及信息检索、加工与分析、评估、经纪等服务。

科技中介服务机构提供服务，应当遵循公正、客观的原则，不得提供虚假的信息和证明，对其在服务过程中知悉的国家秘密和当事人的商业秘密负有保密义务。

第三十一条 国家支持根据产业和区域发展需要建设公共研究开发平台，为科技成果转化提供技术集成、共性技术研究开发、中间试验和工业性试验、科技成果系统化和工程化开发、技术推广与示范等服务。

第三十二条　国家支持科技企业孵化器、大学科技园等科技企业孵化机构发展，为初创期科技型中小企业提供孵化场地、创业辅导、研究开发与管理咨询等服务。

第三章　保障措施

第三十三条　科技成果转化财政经费，主要用于科技成果转化的引导资金、贷款贴息、补助资金和风险投资以及其他促进科技成果转化的资金用途。

第三十四条　国家依照有关税收法律、行政法规规定对科技成果转化活动实行税收优惠。

第三十五条　国家鼓励银行业金融机构在组织形式、管理机制、金融产品和服务等方面进行创新，鼓励开展知识产权质押贷款、股权质押贷款等贷款业务，为科技成果转化提供金融支持。

国家鼓励政策性金融机构采取措施，加大对科技成果转化的金融支持。

第三十六条　国家鼓励保险机构开发符合科技成果转化特点的保险品种，为科技成果转化提供保险服务。

第三十七条　国家完善多层次资本市场，支持企业通过股权交易、依法发行股票和债券等直接融资方式为科技成果转化项目进行融资。

第三十八条　国家鼓励创业投资机构投资科技成果转化项目。

国家设立的创业投资引导基金，应当引导和支持创业投资机构投资初创期科技型中小企业。

第三十九条 国家鼓励设立科技成果转化基金或者风险基金,其资金来源由国家、地方、企业、事业单位以及其他组织或者个人提供,用于支持高投入、高风险、高产出的科技成果的转化,加速重大科技成果的产业化。

科技成果转化基金和风险基金的设立及其资金使用,依照国家有关规定执行。

第四章 技术权益

第四十条 科技成果完成单位与其他单位合作进行科技成果转化的,应当依法由合同约定该科技成果有关权益的归属。合同未作约定的,按照下列原则办理:

(一)在合作转化中无新的发明创造的,该科技成果的权益,归该科技成果完成单位;

(二)在合作转化中产生新的发明创造的,该新发明创造的权益归合作各方共有;

(三)对合作转化中产生的科技成果,各方都有实施该项科技成果的权利,转让该科技成果应经合作各方同意。

第四十一条 科技成果完成单位与其他单位合作进行科技成果转化的,合作各方应当就保守技术秘密达成协议;当事人不得违反协议或者违反权利人有关保守技术秘密的要求,披露、允许他人使用该技术。

第四十二条 企业、事业单位应当建立健全技术秘密保护制度,保护本单位的技术秘密。职工应当遵守本单位的技术秘密保护制度。

企业、事业单位可以与参加科技成果转化的有关人员签订在职期间或者离职、离休、退休后一定期限内保守本单位技术秘密的协议；有关人员不得违反协议约定，泄露本单位的技术秘密和从事与原单位相同的科技成果转化活动。

职工不得将职务科技成果擅自转让或者变相转让。

第四十三条 国家设立的研究开发机构、高等院校转化科技成果所获得的收入全部留归本单位，在对完成、转化职务科技成果做出重要贡献的人员给予奖励和报酬后，主要用于科学技术研究开发与成果转化等相关工作。

第四十四条 职务科技成果转化后，由科技成果完成单位对完成、转化该项科技成果做出重要贡献的人员给予奖励和报酬。

科技成果完成单位可以规定或者与科技人员约定奖励和报酬的方式、数额和时限。单位制定相关规定，应当充分听取本单位科技人员的意见，并在本单位公开相关规定。

第四十五条 科技成果完成单位未规定、也未与科技人员约定奖励和报酬的方式和数额的，按照下列标准对完成、转化职务科技成果做出重要贡献的人员给予奖励和报酬：

（一）将该项职务科技成果转让、许可给他人实施的，从该项科技成果转让净收入或者许可净收入中提取不低于百分之五十的比例；

（二）利用该项职务科技成果作价投资的，从该项科技成果形成的股份或者出资比例中提取不低于百分之五十的比例；

（三）将该项职务科技成果自行实施或者与他人合作实施的，应当在实施转化成功投产后连续三至五年，每年从实施该项科技成果的营业利润中提取不低于百分之五的比例。

国家设立的研究开发机构、高等院校规定或者与科技人员约定奖励和报酬的方式和数额应当符合前款第一项至第三项规定的标准。

国有企业、事业单位依照本法规定对完成、转化职务科技成果做出重要贡献的人员给予奖励和报酬的支出计入当年本单位工资总额,但不受当年本单位工资总额限制、不纳入本单位工资总额基数。

第五章　法律责任

第四十六条　利用财政资金设立的科技项目的承担者未依照本法规定提交科技报告、汇交科技成果和相关知识产权信息的,由组织实施项目的政府有关部门、管理机构责令改正;情节严重的,予以通报批评,禁止其在一定期限内承担利用财政资金设立的科技项目。

国家设立的研究开发机构、高等院校未依照本法规定提交科技成果转化情况年度报告的,由其主管部门责令改正;情节严重的,予以通报批评。

第四十七条　违反本法规定,在科技成果转化活动中弄虚作假,采取欺骗手段,骗取奖励和荣誉称号、诈骗钱财、非法牟利的,由政府有关部门依照管理职责责令改正,取消该奖励和荣誉称号,没收违法所得,并处以罚款。给他人造成经济损失的,依法承担民事赔偿责任。构成犯罪的,依法追究刑事责任。

第四十八条　科技服务机构及其从业人员违反本法规定,故意提供虚假的信息、实验结果或者评估意见等欺骗当事人,或者与当事人一方串通欺骗另一方当事人的，由政府有关部门依照管理职责责令改正，没收违法所得，并处以罚款；情节严重的，由工商行政管理部门依法吊销营业执照。给他人造成经济损失的，依法承担民事赔偿责任；构成犯罪的，依法追究刑事责任。

科技中介服务机构及其从业人员违反本法规定泄露国家秘密或者当事人的商业秘密的，依照有关法律、行政法规的规定承担相应的法律责任。

第四十九条 科学技术行政部门和其他有关部门及其工作人员在科技成果转化中滥用职权、玩忽职守、徇私舞弊的，由任免机关或者监察机关对直接负责的主管人员和其他直接责任人员依法给予处分；构成犯罪的，依法追究刑事责任。

第五十条 违反本法规定，以唆使窃取、利诱胁迫等手段侵占他人的科技成果，侵犯他人合法权益的，依法承担民事赔偿责任，可以处以罚款；构成犯罪的，依法追究刑事责任。

第五十一条 违反本法规定，职工未经单位允许，泄露本单位的技术秘密，或者擅自转让、变相转让职务科技成果的，参加科技成果转化的有关人员违反与本单位的协议，在离职、离休、退休后约定的期限内从事与原单位相同的科技成果转化活动，给本单位造成经济损失的，依法承担民事赔偿责任；构成犯罪的，依法追究刑事责任。

第六章 附 则

第五十二条 本法自1996年10月1日起施行。

附　录

实施《中华人民共和国促进科技成果转化法》若干规定

国务院关于印发实施《中华人民共和国促进科技成果转化法》若干规定的通知

国发〔2016〕16号

各省、自治区、直辖市人民政府，国务院各部委、各直属机构：

现将《实施〈中华人民共和国促进科技成果转化法〉若干规定》印发给你们，请认真贯彻执行。

国务院
2016年2月26日

为加快实施创新驱动发展战略，落实《中华人民共和国促进科技成果转化法》，打通科技与经济结合的通道，促进大众创业、万众创新，鼓励研究开发机构、高等院校、企业等创新主体及科技人员转移转化科技成果，推进经济提质增效升级，作出如下规定。

一、促进研究开发机构、高等院校技术转移

（一）国家鼓励研究开发机构、高等院校通过转让、许可或者作价投资等方式，向企业或者其他组织转移科技成果。国家设立的研究开发机构和高等院校应当采取措施，优先向中小微企业转移科技成果，为大众创业、万众创新提供技术供给。

国家设立的研究开发机构、高等院校对其持有的科技成果，可以自主决定转让、许可或者作价投资，除涉及国家秘密、国家安全外，不需审批或者备案。

国家设立的研究开发机构、高等院校有权依法以持有的科技成果作价入股确认股权和出资比例，并通过发起人协议、投资协议或者公司章程等形式对科技成果的权属、作价、折股数量或者出资比例等事项明确约定，明晰产权。

（二）国家设立的研究开发机构、高等院校应当建立健全技术转移工作体系和机制，完善科技成果转移转化的管理制度，明确科技成果转化各项工作的责任主体，建立健全科技成果转化重大事项领导班子集体决策制度，加强专业化科技成果转化队伍建设，优化科技成果转化流程，通过本单位负责技术转移工作的机构或者委托独立的科技成果转化服务机构开展技术转移。鼓励研究开发机构、高等院校在不增加编制的前提下建设专业化技术转移机构。

国家设立的研究开发机构、高等院校转化科技成果所获得的收入全部留归单位，纳入单位预算，不上缴国库，扣除对完成和转化职务科技成果作出重要贡献人员的奖励和报酬后，应当主要用于科学技术研发与成果转化等相关工作，并对技术转

— 75 —

移机构的运行和发展给予保障。

（三）国家设立的研究开发机构、高等院校对其持有的科技成果，应当通过协议定价、在技术交易市场挂牌交易、拍卖等市场化方式确定价格。协议定价的，科技成果持有单位应当在本单位公示科技成果名称和拟交易价格，公示时间不少于15日。单位应当明确并公开异议处理程序和办法。

（四）国家鼓励以科技成果作价入股方式投资的中小企业充分利用资本市场做大做强，国务院财政、科技行政主管部门要研究制定国家设立的研究开发机构、高等院校以技术入股形成的国有股在企业上市时豁免向全国社会保障基金转持的有关政策。

（五）国家设立的研究开发机构、高等院校应当按照规定格式，于每年3月30日前向其主管部门报送本单位上一年度科技成果转化情况的年度报告，主管部门审核后于每年4月30日前将各单位科技成果转化年度报告报送至科技、财政行政主管部门指定的信息管理系统。年度报告内容主要包括：

1. 科技成果转化取得的总体成效和面临的问题；
2. 依法取得科技成果的数量及有关情况；
3. 科技成果转让、许可和作价投资情况；
4. 推进产学研合作情况，包括自建、共建研究开发机构、技术转移机构、科技成果转化服务平台情况，签订技术开发合同、技术咨询合同、技术服务合同情况，人才培养和人员流动情况等；
5. 科技成果转化绩效和奖惩情况，包括科技成果转化取得收入及分配情况，对科技成果转化人员的奖励和报酬等。

二、激励科技人员创新创业

（六）国家设立的研究开发机构、高等院校制定转化科技成果收益分配制度时，要按照规定充分听取本单位科技人员的意见，并在本单位公开相关制度。依法对职务科技成果完成人和为成果转化作出重要贡献的其他人员给予奖励时，按照以下规定执行：

1. 以技术转让或者许可方式转化职务科技成果的，应当从技术转让或者许可所取得的净收入中提取不低于50%的比例用于奖励。

2. 以科技成果作价投资实施转化的，应当从作价投资取得的股份或者出资比例中提取不低于50%的比例用于奖励。

3. 在研究开发和科技成果转化中作出主要贡献的人员，获得奖励的份额不低于奖励总额的50%。

4. 对科技人员在科技成果转化工作中开展技术开发、技术咨询、技术服务等活动给予的奖励，可按照促进科技成果转化法和本规定执行。

（七）国家设立的研究开发机构、高等院校科技人员在履行岗位职责、完成本职工作的前提下，经征得单位同意，可以兼职到企业等从事科技成果转化活动，或者离岗创业，在原则上不超过3年时间内保留人事关系，从事科技成果转化活动。研究开发机构、高等院校应当建立制度规定或者与科技人员约定兼职、离岗从事科技成果转化活动期间和期满后的权利和义务。离岗创业期间，科技人员所承担的国家科技计划和基金项目原则上不得中止，确需中止的应当按照有关管理办法办理手续。

积极推动逐步取消国家设立的研究开发机构、高等院校及其内设院系所等业务管理岗位的行政级别，建立符合科技创新规律的人事管理制度，促进科技成果转移转化。

（八）对于担任领导职务的科技人员获得科技成果转化奖励，按照分类管理的原则执行：

1. 国务院部门、单位和各地方所属研究开发机构、高等院校等事业单位（不含内设机构）正职领导，以及上述事业单位所属具有独立法人资格单位的正职领导，是科技成果的主要完成人或者对科技成果转化作出重要贡献的，可以按照促进科技成果转化法的规定获得现金奖励，原则上不得获取股权激励。其他担任领导职务的科技人员，是科技成果的主要完成人或者对科技成果转化作出重要贡献的，可以按照促进科技成果转化法的规定获得现金、股份或者出资比例等奖励和报酬。

2. 对担任领导职务的科技人员的科技成果转化收益分配实行公开公示制度，不得利用职权侵占他人科技成果转化收益。

（九）国家鼓励企业建立健全科技成果转化的激励分配机制，充分利用股权出售、股权奖励、股票期权、项目收益分红、岗位分红等方式激励科技人员开展科技成果转化。国务院财政、科技等行政主管部门要研究制定国有科技型企业股权和分红激励政策，结合深化国有企业改革，对科技人员实施激励。

（十）科技成果转化过程中，通过技术交易市场挂牌交易、拍卖等方式确定价格的，或者通过协议定价并在本单位及技术交易市场公示拟交易价格的，单位领导在履行勤勉尽责义务、没有牟取非法利益的前提下，免除其在科技成果定价中因科技成果转化后续价值变化产生的决策责任。

三、营造科技成果转移转化良好环境

（十一）研究开发机构、高等院校的主管部门以及财政、科技等相关部门，在对单位进行绩效考评时应当将科技成果转化的情况作为评价指标之一。

（十二）加大对科技成果转化绩效突出的研究开发机构、高等院校及人员的支持力度。研究开发机构、高等院校的主管部门以及财政、科技等相关部门根据单位科技成果转化年度报告情况等，对单位科技成果转化绩效予以评价，并将评价结果作为对单位予以支持的参考依据之一。

国家设立的研究开发机构、高等院校应当制定激励制度，对业绩突出的专业化技术转移机构给予奖励。

（十三）做好国家自主创新示范区税收试点政策向全国推广工作，落实好现有促进科技成果转化的税收政策。积极研究探索支持单位和个人科技成果转化的税收政策。

（十四）国务院相关部门要按照法律规定和事业单位分类改革的相关规定，研究制定符合所管理行业、领域特点的科技成果转化政策。涉及国家安全、国家秘密的科技成果转化，行业主管部门要完善管理制度，激励与规范相关科技成果转化活动。对涉密科技成果，相关单位应当根据情况及时做好解密、降密工作。

（十五）各地方、各部门要切实加强对科技成果转化工作的组织领导，及时研究新情况、新问题，加强政策协同配合，优化政策环境，开展监测评估，及时总结推广经验做法，加大宣传力度，提升科技成果转化的质量和效率，推动我国经济转型升级、提质增效。

（十六）《国务院办公厅转发科技部等部门关于促进科技成果转化若干规定的通知》（国办发〔1999〕29号）同时废止。此前有关规定与本规定不一致的，按本规定执行。

国土资源部促进科技成果转化暂行办法

国土资源部关于印发促进科技成果转化暂行办法的通知

国土资发〔2016〕105号

中国地质调查局及部其他直属单位，各派驻地方的国家土地督察局，部机关各司局：

《国土资源部促进科技成果转化暂行办法》已经第16次部长办公会议审议通过，现印发给你们，请遵照执行。

2016年9月1日

依据《中华人民共和国促进科技成果转化法》、《实施〈中华人民共和国促进科技成果转化法〉若干规定》和《促进科技成果转移转化行动方案》，结合国土资源工作实际，制定本办法。

第一条 本办法所称科技成果，是指国土资源部所属研究开发机构（具有研究开发实力的单位，以下简称各单位）及科技人员利用单位的物质技术条件，通过科学研究与技术开发所产生的具有实用价值的成果。

第二条 本办法所称科技成果转化，是指为提高生产力水平而对科技成果进行后续试验、开发、应用、推广直至形成新技术、新工艺、新材料、新产品、新产业，以及为服务科技成果转化所开展的技术咨询、技术培训等活动。依法向社会提供开放共享服务的基础性、公益性资料和数据等，不属于科技成果转化范畴。

第三条 完善科技成果发布制度。加强国土资源科技成果登记，建立科技成果信息系统，动态更新并定期发布科技成果、研究开发机构等信息，向社会提供科技成果咨询服务，加强科技成果宣传报道。

第四条 加强科技成果示范应用。在资源调查评价、勘查开发、综合整治等重大工程中，对具有转化价值的重大科技成果，积极开展示范推广应用。

第五条 强化创新成果的标准制定。加强国土资源标准创新审查，有重大应用价值的科技成果应当同步开展标准研究，及时制定标准，并将先进成熟技术作为有关标准修订的重要内容。

第六条 加强科技成果转化绩效激励。将科技成果转化业绩纳入单位绩效考评体系，作为科技人员职称评定、岗位管理等重要依据。

第七条 制定科技成果转化管理措施。各单位要明确科技成果转化任务和责任主体，成果转化任务多的单位可以申请设立内设机构或专门岗位。在充分听取本单位科技人员意见的基础上，研究制定符合自身特点、可操作的科技成果转化管理规定，包括工作程序、决策、公示、奖惩、保密、权益保护、异议处理、岗位考评、兼职和离岗创业等内容，公平公正公开，接受本单位职工代表大会监督。

第八条 统筹使用各类成果转化资源。各单位应当积极申报国家技术创新引导专项（基金）；有条件的单位应当建立科技成果转化基金，用好事业发展基金和成果转化净收入，开展科技成果转化。盘活闲置的仪器设备、装备、办公用房等资源，为科技成果转化提供便利条件。

第九条 建立科技成果转化年度报告制度。各单位应当于每年3月底前向国土资源部科技主管机构报送上一年度科技成果转化情况的年度报告，内容主要包括：

（一）科技成果转化总体成效和面临问题；

（二）依法取得科技成果数量及有关情况；

（三）科技成果转让、许可和作价投资情况；

（四）科技成果转化绩效和奖惩情况等，包括转化取得收入及分配情况，对科技成果转化人员的奖励和报酬等；

（五）推进产学研合作情况，包括自建、共建研究开发、技术转移机构、科技成果转化服务平台情况，签订技术开发、技术咨询、技术服务合同情况，人才培养和人员流动情况。

第十条 自主确定科技成果转化方式。各单位对其持有的科技成果，可以自主决定转让、许可或者作价投资，除涉及国家秘密、国家安全外，不需审批或者备案。可以自主采用下列方式进行科技成果转化：

（一）自行投资实施转化；

（二）向他人转让科技成果；

（三）许可他人使用科技成果；

（四）以科技成果作为合作条件，与他人共同实施转化；

（五）以科技成果作价投资，折算股份或者出资比例；

（六）其他协商确定的方式。

第十一条 遵循科技成果转化的市场化机制。通过协议定价、在技术交易市场挂牌交易、拍卖等方式确定价格（价值）。协议定价的，应当在本单位公示科技成果名称和拟交易价格，公示时间不少于15个工作日。

第十二条 合理使用科技成果转化收入。转化科技成果所获得的收入全部留归本单位，纳入单位预算，不上缴国库，扣除对完成和转化科技成果作出重要贡献人员的奖励和报酬后，应当用于单位科学技术研发、知识产权管理、人才和团队建设、成果转化等相关工作。

使用科技成果转化收入，对完成、转化科技成果作出重要贡献的人员给予奖励和报酬的支出计入当年本单位工资总额，但不受当年本单位工资总额限制、不纳入本单位工资总额基数。

第十三条 鼓励企业化转化方式。各单位可以利用持有的科技成果自主创办高新技术企业，开展成果转化活动。支持与企业共建研发平台、技术转移机构或者技术创新联盟等，加快实施科技成果转化。按照《中华人民共和国公司法》要求，规范管理现存企业，鼓励企业通过股权、期权、分红等激励方式，构建以企业为主体的科技成果转化平台。

第十四条 充分利用各类优惠政策。位于国家自主创新示范区或者高新技术开发区内的部属研究开发机构，应当争取和利用示范区或者开发区内有关优惠政策，在科技成果转化方面进行积极探索，为科技成果转化制度体系建设提供可复制、可推广的经验。

第十五条 充实科技成果转化力量。鼓励各单位从企业聘请有科技成果转化经验的人员到本单位从事科技成果转化工作，通过特聘岗位等形式落实聘请人员薪酬等待遇。

第十六条 保护科技人员合法权益。依法保护科技人员在科技成果转化中的合法权益。对科技成果完成人和为成果转化作出重要贡献的其他人员给予奖励时，按照以下规定执行：

（一）以技术转让或者许可方式转化科技成果的，应当从技术转让或者许可所取得的净收入中提取不低于50%的比例用于奖励；

（二）以科技成果作价投资实施转化的，应当从作价投资取得的股份或者出资比例中提取不低于50%的比例用于奖励；

（三）在研究开发和科技成果转化中作出主要贡献的人员，获得奖励的份额不低于奖励总额的50%；

（四）将科技成果自行实施或者与他人合作实施转化的，应当在实施转化成功投产后连续3年至5年，每年从实施该项科技成果的营业利润中提取不低于5%的比例用于奖励；

（五）对科技人员在科技成果转化工作中开展技术咨询、技术服务等活动给予的奖励，根据科技人员与单位约定，从成果转化所取得的净收入中提取一定比例用于奖励；

（六）成果转化净收入在成果完成人和为成果转化作出重要贡献的其他人员之间的分配，由其内部协商确定。

第十七条 规范领导人员转化激励。对于担任领导职务的科技人员，获得科技成果转化奖励，按照分类管理的原则执行：

（一）各单位正职领导以及各单位所属具有独立法人资格单位的正职领导，是科技成果的主要完成人或者对科技成果转化作出重要贡献的，可以获得现金奖励，原则上不得获取股权激励。其他担任领导职务的科技人员，是科技成果的主要完成人或者对科技成果转化作出重要贡献的，可以获得现金、股份或者出资比例等奖励和报酬；

（二）对担任单位领导职务的科技人员的科技成果转化收益分配实行公开公示制度，不得利用职权侵占他人科技成果转化收益。

第十八条 允许科技人员兼职和离岗创业。科技人员在履行岗位职责、完成本职工作的前提下，经征得单位同意，可以到企业兼职从事科技成果转化活动，或者离岗创业，在原则上不超过3年时间内保留人事关系，从事科技成果转化活动。其单位应当与科技人员约定兼职、离岗从事科技成果转化活动期间和期满后的权利和义务，并变更相关聘用合同。

第十九条 允许按协议转化。对各单位持有的科技成果，其完成人和参加人在不变更科技成果权属的前提下，可以根据与单位签订的协议进行该项科技成果的转化，并享有协议规定的权益。

第二十条 规范党政领导干部兼职。严格落实中共中央组织部《关于进一步规范党政领导干部在企业兼职（任职）问题的意见》规定，各单位党政领导干部未经批准，不得在所属企业兼任职务。确因工作需要到所属企业兼职的，应当按照干部管理权限报上级主管部门审批，但不得在该企业取酬，其家属也不得在该企业任职。

第二十一条 规范科技人员企业兼职。各单位应当规范科技人员企业兼职管理，完善相关内控制度与管理措施，确保兼职科技人员在成果转化中发挥应有的作用。

第二十二条 依法依规从事科技成果转化。对违反相关规定，在科技成果转化活动中弄虚作假，采取欺骗手段，骗取奖励和荣誉称号、诈骗钱财、非法牟利的，由有关部门依照管理职责责令改正，取消该奖励和荣誉称号，没收违法所得，并给予相应处罚；给他人造成经济损失的，依法承担民事赔偿责任；构成犯罪的，依法追究刑事责任。

实施科技成果转化合作各方，应当遵守自愿、互利、公平、诚信的原则，依法签订合同（协议），约定合作的组织形式、任务分工、资金投入、知识产权归属、权益分配和风险分担等事项。

第二十三条 遵守科技成果转化管理制度。各单位及科技人员应当遵守国家科技成果转化管理制度，不得阻碍科技成果转化。任何人不得将科技成果、技术资料和数据占为己有，侵犯单位合法权益，不得擅自转让科技成果或擅自获取成果转化收益。

第二十四条 本办法自2016年10月1日起施行。

交通运输部促进科技成果转化暂行办法

交通运输部关于印发促进科技成果转化暂行办法的通知

交科技发〔2017〕55号

部属各单位，部内各司局：

现将《交通运输部促进科技成果转化暂行办法》印发给你们，请遵照执行。

交通运输部

2017年4月24日

第一章 总 则

第一条 为促进交通运输行业科技成果转化，依据《中华人民共和国促进科技成果转化法》《国务院关于印发实施〈中华人民共和国促进科技成果转化法〉若干规定的通知》（国发〔2016〕16号）、《中共中央办公厅、国务院办公厅印发〈关于实行以增加知识价值为导向分配政策的若干意见〉》（厅字〔2016〕35号），制定本办法。

第二条 交通运输部所属研究开发机构、高等院校及具有研究开发能力的单位（以下简称单位）开展科技成果转化适用本办法。

第三条 本办法所称科技成果为职务科技成果，是指科技人员执行单位工作任务或主要利用单位的物质技术条件，开展科学研究、技术开发和设备设施建设所产生的具有实用价值的成果。

第四条 本办法所称科技成果转化，是指为提高生产力水平而对科技成果进行后续试验、开发、应用、推广直至形成新技术、新工艺、新材料、新产品，发展新产业，以及面向企业或其他社会组织委托所开展的技术开发、技术咨询、技术服务、技术转让、技术培训等活动。依法向社会提供开放共享服务的基础性、公益性资料和数据等，不属于科技成果转化范畴。

第五条 单位应优先保证科技人员履行科研、教学等公益职能；科技人员承担由企业或其他社会组织委托所开展的技术开发、技术咨询、技术服务、技术转让、技术培训等活动，不得影响其履行岗位职责、完成本职工作。

第六条 落实科技成果报告汇交制度，向社会公布科技成果和相关知识产权信息，提供科技成果信息查询、筛选等公益服务，公布有关信息不得泄露国家秘密和商业秘密。

单位要加大科技成果公开共享力度，完善建立面向企业的技术服务机制。

第二章 转化方式

第七条 科技成果持有单位可以采用下列方式进行科技成果转化：

（一）自行投资实施转化；

（二）向他人转让科技成果；

（三）许可他人使用科技成果；

（四）以科技成果作为合作条件，与他人共同实施转化；

（五）以科技成果作价投资，折算股份或者出资比例；

（六）其他协商确定的方式。

第八条 鼓励采取转让、许可、作价投资等方式，向企业或者其他组织转移科技成果，除涉及国家秘密、国家安全外，不需审批或者备案。

第九条 单位对其持有的科技成果，可以自主决定转让、许可或者作价投资，但应当通过协议定价、在技术交易市场挂牌交易、拍卖等方式确定价格。通过协议定价的，应当在本单位公示科技成果名称、交易对象和拟交易价格，并就公示方式、公示范围和公示异议处理程序等具体事项做出明确规定，公示时间不少于15日。

第十条 单位有权依法以持有的科技成果作价入股确认股权和出资比例，并通过发起人协议、投资协议或公司章程等形式明确约定科技成果的权属、作价、折股数量或者出资比例等事项，明晰产权。以科技成果作价入股作为对科技人员的奖励涉及股权注册登记及变更的，无需报部审批。

第三章 技术权益

第十一条 单位所取得的科技成果，成果完成人和参加人在不变更权属的前提下，可与单位签署协议转化成果，并享有协议规定的权益，单位应予支持。成果完成人不得阻碍科技成果转化，不得将科技成果及其资料数据占为己有，侵犯单位的合法权益，职工不得将职务成果擅自转让或变相转让。

第十二条 实施科技成果转化合作各方，应当遵守自愿、互利、公平、诚信的原则，依法签订合同（协议），约定合作的组织形式、任务分工、资金投入、知识产权归属、权益分配、风险分担和违约责任等事项。

第十三条 科技成果完成单位与其他单位合作进行科技成果转化的,应当依法由合同约定该科技成果有关权益的归属。合同未作约定的,按照下列原则办理:

(一)在合作转化中无新的发明创造的,该科技成果的权益,归该科技成果完成单位;

(二)在合作转化中产生新的发明创造的,该新发明创造的权益归合作各方共有;

(三)对合作转化中产生的科技成果,各方都有实施该项科技成果的权利,转让该科技成果应经合作各方同意。

第四章 机制建设

第十四条 支持企业联合有关科研院所、高等院校、具有研究开发能力的单位建立协同创新平台、技术转移机制和产业技术创新战略联盟,共同开展研究开发、成果应用与推广、标准研究与制定等活动。积极培育和发展交通运输技术市场,为技术交易提供交易场所、信息平台以及信息检索、加工与分析、评估、经纪等服务。继续通过发布科技成果推广目录,出版交通科技丛书,组织实施科技示范工程等加快科技成果推广与应用。

第十五条 单位要建立健全科技成果转化工作机制,加强对科技成果转化的管理、组织和协调,建立科技成果转化重大事项领导班子集体决策制度;建立成果转化管理平台,统筹成果管理、技术转移、资产经营管理、法律等事务;明确科技成果转化管理机构和职能,落实科技成果报告、知识产权保护、资产经营管理等工作的责任主体,优化科技成果转化工作流程,开列权利清单,明确议事规则。

第十六条 单位要加强科技成果转化能力建设,鼓励在不增加编制的前提下建立负责科技成果转化工作的专业化机构或者委托独立的科技成果转化服务机构开展科技成果转化。通过培训、市场聘任等多种方式建立成果转化职业经理人队伍。鼓励各单位从企业聘请有科技成果转化经验的人员到本单位从事科技成果转化工作,通过特聘岗位等形式落实聘请人员薪酬等待遇。

第十七条 单位要建立科技成果转化工作公示制度及异议处理办法,公示内容包括科技成果转移转化的各项制度、工作流程、重要人事岗位设置以及领导干部取得科技成果转化奖励和收益等情况。

第五章 收益分配

第十八条 转化科技成果所获得的收入全部留归本单位,纳入单位预算,不上缴国库,扣除对完成和转化科技成果作出重要贡献人员的奖励和报酬后,应当主要用于单位科学技术研发、成果转化等相关工作,并对技术转移专业化机构的运行和发展给予保障。单位应在充分听取本单位职工意见的基础上,制定相关制度。

第十九条 科技成果完成单位可以规定或者与科技人员约定奖励和报酬的方式、数额和时限。单位制定相关规定时,应充分听取单位科技人员的意见,并在单位公开相关制度。

第二十条　科技成果完成单位未规定、也未与科技人员约定奖励和报酬的方式和数额的，按照下列标准对完成、转化科技成果做出重要贡献的人员给予奖励和报酬：

（一）将该项科技成果转让、许可给他人实施的，从该项科技成果转让净收入或者许可净收入中提取比例不低于50%；

（二）利用该项科技成果作价投资的，从该项科技成果形成的股份或者出资比例中提取比例不低于50%；

（三）在研究开发和科技成果转化中作出主要贡献的人员（一般不超过3人），获得奖励的份额不低于奖励总额的50%；

（四）将该项科技成果自行实施或者与他人合作实施的，应当在实施转化成功投产后连续3至5年，每年从实施该项科技成果的营业利润中提取比例不低于5%。

第二十一条　科技人员面向企业或其他社会组织委托所开展的技术开发、技术咨询、技术服务、技术转让、技术培训等合作活动，应依据合同法和科技成果转化法管理，经费支出按照合同或协议约定执行，净收入中提取不低于50%的比例，按照单位制定的科技成果转化奖励和收益分配办法对完成项目的科技人员给予奖励和报酬。对科技人员承担企业或其他社会组织委托的科研项目与承担政府科技计划项目，在业绩考核中同等对待。

第二十二条　科技成果转化的奖励和报酬的支出，计入单位当年工资总额，不受单位当年工资总额限制，不纳入单位工资总额基数。科技人员依法取得的科技成果转化奖励和报酬收入，不纳入绩效工资。对符合条件的股票期权、股权期权、限制性股票、股票奖励以及科技成果投资入股等实施递延纳税优惠政策。

第二十三条 科技成果转化给予科技人员的奖励和报酬在成果完成人和为成果转化作出重要贡献的其他人员之间的分配，由其内部协商确定。

第六章 转化激励

第二十四条 对于担任领导职务的科技人员，获得科技成果转化奖励，按照分类管理的原则执行：

（一）单位正职领导以及各单位所属具有独立法人资格单位的正职领导，是科技成果的主要完成人或者对科技成果转化作出重要贡献的，可以获得现金奖励，原则上不得获取股权激励。

（二）其他担任领导职务的科技人员，是科技成果的主要完成人或者对科技成果转化作出重要贡献的，可以获得现金、股份或出资比例等奖励和报酬，但获得股权激励的领导人员不得利用职权为所持股权的企业谋取利益。

（三）对担任领导职务的科技人员的科技成果转化收益分配实行公开公示制度，不得利用职权侵占他人科技成果转化收益。

第二十五条 单位正职在担任现职前因科技成果转化获得的股权，任现职后应及时予以转让，转让股权的完成时间原则上不超过 3 个月；股权非特殊原因逾期未转让的，应在任现职期间限制交易；限制股权交易的，不得利用职权为所持股权的企业谋取利益，在本人不担任上述职务 1 年后解除限制。

第二十六条 科技成果转化过程中，通过技术交易市场挂牌交易、拍卖等方式确定价格的，或者通过协议定价并在本单位公示拟交易价格的，单位领导在履行勤勉尽责义务、没有牟取非法利益的前提下，免除其在科技成果定价中因科技成果转化后续价值变化产生的决策责任。

第二十七条 单位在符合国家相关法律法规规章的前提下，可根据发展需求，经部批准，参照执行所在地省级党委、政府出台的相关科技成果转化的激励政策。

第七章 经费投入

第二十八条 鼓励以知识产权作价入股等形式引入社会资金参与交通运输科技成果转化。积极向各类基金会等社会团体推介交通运输科技成果，吸引其以自有资金支持科技成果转化工作。

第二十九条 发挥财政资金引导作用，加强单位内部资源整合，鼓励强强联合，与相关单位共同争取国家科技成果转化引导基金以及各级政府财政设立的技术创新引导专项（基金）、成果转化基地、知识产权运营和人才专项等的专项资金（基金）的支持。

第三十条 鼓励有条件的单位建立科技成果转化基金，用好事业发展基金和成果转化净收入。盘活闲置的仪器设备、装备、办公用房等资源，为科技成果转化提供便利条件。

第八章 绩效评价

第三十一条 建立科技成果转化年度报告制度，单位应当于每年3月底前向部科技主管部门报送上一年度科技成果转化情况的年度报告，内容主要包括：

（一）科技成果转化总体成效和面临问题；

（二）依法取得科技成果数量及有关情况；

（三）科技成果转让、许可和作价投资情况；

（四）科技成果转化绩效和奖惩情况等，包括转化取得收入及分配情况，对科技成果转化人员的奖励和报酬等；

（五）推进产学研合作情况，包括自（共）建研究开发机构、技术转移机构、科技成果转化服务平台情况，签订技术开发合同、技术咨询合同、技术服务合同情况，人才培养和人员流动情况等。

第三十二条　单位要制定激励制度，将科技成果转化业绩纳入绩效考评体系，作为科技人员职称评定、岗位管理等重要依据，对科技成果转化业绩突出的专业化技术转移机构给予奖励。

第九章　人员兼职

第三十三条　单位应出台科技人员兼职分类管理办法，规范科技人员兼职取酬、成果作价持股等事项，明确审核审批和公开公示等要求，并报部备案。

第三十四条　单位领导班子成员按干部管理权限经批准，可在本单位出资的企业或参与合作举办的民办非企业单位兼职，兼职数量一般不超过1个，并不得在兼职单位领取薪酬。

第三十五条　单位中层领导人员在民办非企业单位或企业兼职的，根据工作需要和实际情况，按干部管理权限由所在单位审批；个人按照有关规定在兼职单位获得的报酬，应当全额上缴本单位，由单位根据实际情况给予适当奖励。

第三十六条　担任领导职务人员兼职及因科技成果转化获

取奖励、股权激励等情况，应在个人有关事项报告和年度述职报告中予以说明。

第三十七条 未担任领导职务的科技人员在履行岗位职责、完成本职工作的前提下，经单位批准可以兼职和兼薪，兼职收入不受本单位绩效工资总量限制，但须如实将兼职收入报单位备案，按规定缴纳个人所得税。

第三十八条 鼓励单位设立一定比例的流动岗位，聘请有创新实践经验的企业家和企业科技人才从事科研和教学工作。

第十章 离岗创业

第三十九条 单位要研究制定科技人员离岗创业管理办法，科技人员经征得单位同意，可以离岗创业，原则上在不超过3年时间内保留人事关系。

第四十条 离岗创业期间，所在单位与离岗创业人员签订离岗协议或变更聘用合同，约定离岗创业时限、工资待遇、社会保险、知识产权、技术秘密保护、研究生培养、返回所在单位工作相关事宜、违约责任处理、发生争议处理方式等。

第四十一条 离岗创业期内，由原单位代缴社会保险，所需费用由离岗创业人员和新单位共同承担，缴费基数按照原单位同类人员确定；认定原单位连续工龄。离岗创业收入不受原单位绩效工资总量限制，但须如实将收入报原单位备案，按规定缴纳个人所得税。

第四十二条 离岗创业期间，科技人员所承担的国家和省部级科技计划和基金项目原则上不得中止，确需中止的应当按照有关管理办法办理手续。

第十一章 法律责任

第四十三条 对违反相关规定,在科技成果转化活动中弄虚作假,采取欺骗手段,骗取奖励和荣誉称号、非法牟利的,由有关部门依法依照管理职责责令改正,取消该奖励和荣誉称号,没收违法所得,并给予相应处罚;给他人造成经济损失的,依法承担民事赔偿责任;构成犯罪的,依法追究刑事责任。

第十二章 附 则

第四十四条 本办法自2017年5月1日起施行,有效期5年,由交通运输部科技主管部门负责解释。

中国科学院关于新时期加快促进科技成果转移转化指导意见

中国科学院、科学技术部关于印发《中国科学院关于新时期加快促进科技成果转移转化指导意见》的通知

科发促字〔2016〕97号

院属各单位、院机关各部门：

为进一步提升中国科学院科技成果转移转化能力，充分发挥科技对经济社会发展的支撑和引领作用，现将《中国科学院关于新时期加快促进科技成果转移转化指导意见》印发给你们，请结合本单位、本部门的实际情况遵照执行。

中国科学院　科学技术部
2016年8月22日

党的"十八大"明确提出了实施创新驱动发展战略。为加快技术向现实生产力转化，切实提高中国科学院（以下简称院）科技成果转移转化能力，充分发挥科技对经济社会发展的支撑和引领作用，特制定本《指导意见》。

一、指导思想

（一）院鼓励院属单位根据《中华人民共和国促进科技成果转化法》、国务院《实施〈中华人民共和国促进科技成果转化

法〉若干规定》和国务院办公厅《促进科技成果转移转化行动方案》，按照新时期办院方针和科研机构改革方向，解放思想，实事求是，积极探索契合国立科研机构的有效举措，加快促进科技成果转移转化。

二、基本原则

（二）落实政策，充分调动科研人员积极性。院属单位要依据国家、地方和院的相关政策，结合本单位目标定位，确定成果转移转化模式，制定实施细则，在确保科研中心工作与核心科研团队稳定的同时，积极推动科技成果有效转移转化。

（三）简政放权，营造良好环境。简化院机关层面工作流程，将科技成果使用、处置和收益管理权利下放给院属单位。院属单位自主决策，院不再审批与备案。科技成果转移转化失败案例，要实事求是认真总结，对于符合规定的，不追究相关人员的领导决策责任。

（四）分类管理，强化绩效评价。结合院"四类机构"分类改革工作推进，以面向国民经济主战场和国家重大需求工作为主的院属单位，应制定科技成果转移转化指标；以从事基础性研究或公益性研究为主的院属单位，也应结合自身特点积极开展成果转移转化工作。

（五）加强制度建设，规范行使权利。院属单位要根据本单位特点，制定相应规章制度，充分发挥经营性国有资产监督管理委员会、学术委员会、职工代表大会的作用，充分听取本单位科技人员的意见，建立健全高效协商、公开透明与规范监督相结合的管理机制，依法依规行使职权。

三、资产管理

（六）院属单位应结合工作实际，制定科技成果市场定价的相关政策。根据科技成果的类型和属性，确定协议定价、在技术交易市场挂牌交易、拍卖等市场化定价方式适用范围和实施流程；需要对成果名称和拟交易价格等信息进行公示的，应当就公示方式、公示范围和公示异议处理程序等具体事项做出明确规定。

（七）对横向课题经费和纵向课题经费施行分类管理，横向课题经费管理实行合同约定优先。科技人员为企业提供技术开发、技术咨询、技术服务、技术培训等服务，是科技成果转化的重要形式；院属单位应依据相关法律法规与合作单位依法签订合同或协议，约定任务分工、资金投入和使用、知识产权归属、权益分配等事项，经费支出按约定执行。

（八）科技成果转移转化所获得的收入全部留归单位，院属单位应依法纳入单位预算，合理支配转化收益。扣除对完成和转化职务科技成果做出重要贡献人员的奖励和报酬后，应当主要用于科学技术研发与成果转化等相关工作。

（九）院属单位应完善无形资产管理制度，切实维护单位利益。要加强对投资股权的监管，保障单位合法权益；加强对单位名称、商誉等特殊无形资产的保护，避免对院的形象造成不良影响。

四、人员管理

（十）结合院分类改革工作，鼓励院属单位根据实际情况自主设置转移转化岗位，培养一支了解知识产权运营和成果转化内在规律的、精通科研、管理和法律的高端复合型专业化人才队伍。健全转移转化人才评价体系，突出市场评价和绩效奖励，实现技术转移人才价值与转移转化的绩效相匹配。

（十一）院研究制定科技人员离岗创业管理办法，鼓励科技人员带着科技成果离岗创业。科技人员离岗创业的，由所在单位合理确定其离岗创业时限，原则上在不超过3年时间内保留其人事关系。离岗创业期满确需延期的，经所在单位同意可适当延长，最多不超过2年。离岗创业期间，离岗创业人员与人事关系所在单位其他在岗人员同等享有参加岗位等级晋升、社会保险、住房、医疗等方面的权利，所在单位与离岗创业人员签订或变更聘用合同，约定离岗创业时限、工资待遇、社会保险、知识产权、技术秘密保护、研究生培养、返回所在单位工作相关事宜、违约责任处理、发生争议处理方式等。

（十二）为促进科技要素合理流动，院属单位应按照相关政策制定本单位的规章制度，允许科技人员在适当条件下兼职从事科技成果转移转化，并在兼职中取得合理报酬。各单位应书面约定兼职人员的权利义务，兼职人员须如实将兼职收入报单位备案，按规定缴纳个人所得税。

（十三）院属单位应对担任领导职务的科研人员获得科技成果转化奖励实行公示制度，各单位应当就公示内容、方式、范围和异议处理程序等具体事项做出明确规定。

（十四）院属单位应按照有关法律法规和本单位的实际情况，制定个性化的促进科技成果转移转化激励政策与实施细则，并报院条财局备案。在确定"科技成果转化净收入"时，院属单位可以根据成果特点做出规定，也可以采用合同收入扣除维护该项科技成果、完成转化交易所产生的费用而不计算前期研发投入的方式进行核算。

（十五）院属各单位正职领导，是科技成果主要完成人或者对科技成果转化作出重要贡献的，可以按照促进科技成果转化法的规定获得现金奖励，原则上不得获取股权激励。担任院属单位正职领导和领导班子成员中属中央管理的干部，所属单位中担任法人代表的正职领导，在担任现职前因科技成果转化获得的股权，可在任职后及时予以转让，转让股权的完成时间原则上不超过3个月；股权非特殊原因逾期未转让的，应在任现职期间限制交易；限制股权交易的，也不得利用职权为所持有股权的企业谋取利益，在本人不担任上述职务一年后解除限制。

五、考核机制

（十六）院按照国家规定建立科技成果转化情况分级报告制度。院属单位应按照规定格式，于每年3月底之前向所联系分院报告科技成果数量、实施转化情况、相关收入及分配情况、以及其它必要内容。各分院汇总所联系单位报告后，形成分院的科技成果库和相应专家库，提交年度进展报告，纳入院年度统计体系。每年4月30日前，院形成科技成果转化年度报告，按要求报送至国务院科技、财政行政主管部门指定的信息管理系统。

（十七）根据《"率先行动"计划》的总体部署，院按照"四类机构"定位实施分类评价与考核，将科技成果转移转化情况作为对相关院属单位评价与考核的重要内容。中国科学院鼓励院属单位在科技人员岗位晋升、绩效考核中，将其开展科技成果转移转化的成效作为重要依据；应用型科研机构应该针对技术转移人员制定差异化的评价标准。

六、条件保障

（十八）院设立"科技成果转移转化重点专项资金"和"科技成果转化引导基金"，统筹院内相关资源，采取多种方式，支持和引导院属单位探索科技成果转移转化的创新方式。有条件的院属单位，可参照院转化基金的管理模式在单位内部设立科技成果转化引导基金。

（十九）院设立知识产权运营管理中心，鼓励院属单位充分利用已有的技术转移中心、育成中心、科技园等科技成果转移转化平台，组织科研团队，联合相关企业，共同开展行业共性关键技术的开发和推广工作，探索技术向产业转移的多元机制。

（二十）院属单位在符合国家相关法律法规规章的前提下，可以根据发展需求，执行所在地方党委、政府出台的科技创新相关政策。

（二十一）涉及国家安全、国家秘密的科技成果转移转化，必须经过原定密机关单位的批准，相关单位应根据规定做好保密审查。

（二十二）院实施科技成果转移转化专项行动，建立联席会议制度，统筹协调推动和服务院属单位科技成果转移转化工作。

本《指导意见》自发布之日起执行，中国科学院及院属各单位原有制度与《指导意见》不一致的，以本《指导意见》为准。在执行过程中，涉及人事、资产、评价等需院制定实施细则的，由院机关相关主管部门办理。院属单位要及时研究解决或向院反馈执行中遇到的问题，中国科学院、科技部将定期调研总结，适时对《指导意见》进行完善。

关于加强卫生与健康科技成果转移转化工作的指导意见

国卫科教发〔2016〕51号

各省、自治区、直辖市卫生计生委、科技厅（委、局）、食品药品监管局、中医药管理局，新疆生产建设兵团卫生局、人口计生委、科技局、食品药品监管局，军队有关卫生部门：

为深入贯彻落实创新驱动发展战略，促进卫生与健康科技成果转移转化与推广应用，依据《中华人民共和国促进科技成果转化法》、国务院《实施〈中华人民共和国促进科技成果转化法〉若干规定》、国务院办公厅《促进科技成果转移转化行动方案》和国家卫生计生委等部门《关于全面推进卫生与健康科技创新的指导意见》，结合卫生与健康行业实际，加强卫生与健康科技成果转移转化工作，现提出如下意见。

一、总体思路和主要目标

科技成果转移转化是卫生与健康科技创新的重要内容，是加强科技创新和卫生与健康事业发展紧密结合的关键环节，对推进"健康中国"建设具有重要意义。卫生与健康科技成果转移转化要紧扣卫生与健康事业发展需求，以满足人民健康需要和解决阻碍科技成果转移转化的关键问题为导向，建立符合卫生与健康行业特点和市场经济规律的科技成果转移转化体系；加强重点领域和关键环节的系统部署，推动中央与地方、不同部门、不同创新主体之间的协同；完善科技成果转移转化政策环境，充分调动各方推动科技成果转移转化的积极性；促进技术、资本、人才、服务等创新资源深度融合与优化配置，推动健康产业发展。

到2020年，基本建立功能完善、运行高效、市场导向的卫生与健康科技成果转移转化体系，科技成果开放共享取得明显成效，卫生与健康领域科技成果转移转化和适宜技术推广能力显著提升，科技中介服务能力和水平显著提升，科技成果转移转化政策环境进一步优化，成果转移转化的激励力度显著增强，对提高人民健康水平、促进健康产业发展和优质健康医疗资源普惠共享等方面的贡献度显著提升。

具体目标：建设国家卫生与健康科技成果信息共享平台；推动建设一批卫生与健康技术转移转化机构，支持有条件的地方建设若干国家级卫生与健康科技成果转移转化示范区；建设若干国家级卫生与健康适宜技术推广示范基地，推广一批满足基层需求的适宜技术示范项目，推动一批科技成果转化为健康管理和疾病防诊治的新产品、新技术和新方法；建立卫生技术评估体系，专业化的科技中介服务体系逐步健全。

二、重点任务

（一）积极推动卫生与健康科技成果开放共享。

开展科技成果信息汇交与发布。研究制定国家卫生与健康科技成果汇交管理办法，明确成果汇交的范围和管理方式。建设卫生与健康科技成果转化项目库，实施科技成果在线登记汇交与发布。定期发布卫生与健康科技成果包，提供科技成果和相关知识产权信息发布、查询、筛选等公益服务。定期向社会公布国家卫生与健康适宜技术目录，促进适宜技术推广应用。

建设国家卫生与健康科技成果信息平台。实现科技成果信息汇交与发布、技术与知识产权交易、适宜技术推广等功能。加强科技成果数据资源开发利用，积极开展科技成果信息增值服务，提供符合用户需求的精准科技成果信息。

建立科技成果转移转化报告制度。按照国家科技成果年度报告制度要求，医疗卫生机构和科研院所等要将年度科技成果许可、转让、作价投资以及推进医研企合作、科技成果转移转化绩效和奖励等情况，按期以规定格式报送主管部门。

（二）开展卫生与健康科技成果转移转化行动。

建设一批卫生与健康科技成果转移转化示范基地。支持医疗卫生机构、高等院校、科研院所、食品药品检验检测机构、骨干医药企业、生物医药高新技术产业园区等联合建立研发机构和科技成果转移转化中心，构建协同研究网络和产业技术联盟。重点建设一批国家和区域卫生与健康科技成果转移转化示范基地，开展创新药物、新型疫苗、先进诊断试剂、高端医疗装备以及健康医疗大数据等技术与产品的研究开发、临床试验、转移转化和推广应用等；加强突发事件紧急医学救援关键技术、标准和装备的研发与成果转化和推广应用，持续提升突发事件紧急医学救援科学化水平；加强传染病防控创新技术体系的推广应用和防控示范区建设。

推动医疗卫生机构和科研院所等开展科技成果转移转化。组织医疗卫生机构、科研院所、高等院校和食品药品检验检测机构等梳理科技成果资源，发布科技成果目录，推动科技成果与产业、企业需求有效对接，通过研发合作、技术转让、技术许可、作价投资等多种形式，实现科技成果市场价值。鼓励医疗卫生机构等单位构建协同研究网络，加强临床指南规范和技术标准的研究制定，加快推进符合成本效果的适宜技术和创新产品的推广应用。

推动企业加强科技成果转化应用。鼓励和支持企业开展科技成果转移转化，构建多种形式的卫生与健康产业技术创新联盟，促进创新成果与健康产业对接。围绕产业链构建创新链，推动跨领域跨行业协同创新，加强行业共性关键技术研发和推广应用，支持联盟承担重大科技成果转化项目，探索联合攻关、利益共享、知识产权运营的有效机制与模式。

组织科技人员开展科技成果转移转化。紧密对接地方医疗健康产业技术创新和卫生与健康现实需求，动员医疗卫生科技人员和高层次专家深入基层一线开展技术咨询、技术服务、科技攻关、成果推广等科技成果转移转化行动。

（三）实施卫生与健康适宜技术推广行动。

建设一批卫生与健康适宜技术推广示范基地。围绕常见病防治等健康问题，与扶贫工作相结合，以强基层为目标，依托区域医疗中心和临床医学研究中心，建设若干卫生与健康适宜技术推广示范基地。各省（区、市）负责落实本地区适宜技术推广示范基地建设规划，整合适宜技术推广应用要素，开展技术评估遴选、培训和指导，培养基层卫生计生和中医药实用人才，发挥示范带动和辐射应用作用。实施专家服务基层行动计划和卫生与健康科技扶贫计划等。

推广一批卫生与健康适宜技术示范项目。制订国家卫生与健康适宜技术推广目录，遴选实施一批技术可靠、适宜性强、能够提高基层诊疗能力的推广示范项目，建立自上而下、分类分级的推广机制，形成示范效应。到 2020 年，使大部分县级医疗卫生机构、乡镇卫生院和社区卫生服务中心能够规范应用常见病的预防干预、筛查诊断、治疗康复等中西医适宜技术，使常见病基层就诊率、适宜卫生技术应用率及中医药使用率等大幅提高。

大力加强卫生与健康领域的科学普及工作。普及健康生活是健康中国建设的重要内容，积极推进国家科普示范和特色基地建设，大力开展群众性科普活动，利用信息技术手段普及健康生活；不断提升科普创作能力和发展水平，推动科研与科普、创业与科普的结合。

（四）加强卫生技术评估与科技成果评价工作。

建设卫生技术评估体系。制定卫生技术评估指导意见，建立若干国家级卫生技术评估中心，加强卫生技术评估机构和队伍建设。发展循证医学，构建适应医疗、卫生、科研等各类机构需求和卫生与健康产品、高新与适宜技术等不同科技成果类型的评估方法，促进卫生技术评估结果的传播和政策转化。

建立健全科技成果评价制度。建设卫生技术评估和科技成果评价专家库，积极推行科技成果第三方评价。构建政府、专业机构、学术团体、企业和公众等多方参与的评价机制，提高评价的科学化、社会化和国际化水平。

（五）发展科技成果转移转化的专业化服务。

大力培育和发展卫生与健康科技中介服务机构。开展科技成果转化评估评价、知识产权和专利服务等科技创新服务，为科技创新提供成果转化、创业孵化、知识产权、科技咨询、科技金融、技术交易等专业化服务。积极发挥医疗卫生机构、科研院所、高等院校、食品药品检验检测机构和社会团体在科技服务中的重要作用，引导一批公益类科研院所转制为非营利性科技服务机构；鼓励社会资本或企业参与科技服务机构建设，推动以科技成果转移转化为主要内容的科技创新创业众创空间和技术创新服务平台建设，构建多种形式的产业技术创新联盟，提高服务科技和面向社会的能力和效率。

建设一支专业化的科技成果转移转化队伍。支持医疗卫生机构等单位和企业联合建设科技成果转移转化机构；医疗卫生机构等事业单位要设立专门的科技成果转移转化部门和工作岗位，明确统筹科技成果转移转化责任主体，制定具体实施方案，负责落实科技成果转化的流程管理、知识产权管理、资产经营管理、合同管理和法律事务等工作，鼓励与企业对接加速推进成果转化。依托有条件的地方和机构建设一批技术转移转化人才培养基地。

充分发挥行业协会等社会团体促进科技成果转移转化的纽带作用。积极发挥中华医学会、中华预防医学会、中华中医药学会、以及卫生与健康相关技术创新战略联盟等社会团体在科技创新咨询、成果推广应用、学术交流和科技普及等方面的作用，有序推进落实承接政府职能转移有关工作；支持其加快总结临床实践经验，及时制订、修订临床诊疗指南、规范，促进卫生与健康科技成果快速在相应专业领域的研究、验证、推广、应用和再评价。依托国家级科技社团开展卫生与健康创新驱动助力工程，在其有关评奖中增加科技成果转移转化和适宜技术推广奖项，提升服务卫生与健康科技成果转移转化能力和水平。

（六）健全以增加知识价值为导向的收益分配等政策。

下放科技成果使用、处置和收益权。转变政府职能，完善卫生与健康领域科技成果转移转化的收益分配制度，科技成果转移转化收益全部留归单位，纳入单位预算，实行统一管理，处置收入不上交国库。在对完成转化科技成果作出重要贡献的人员给予奖励和报酬后，主要用于科研与成果转化等相关工作。采取技术入股、共享收益等方式，充分调动卫生与健康领域科技人员参与技术和成果转移转化的积极性。

提高科研人员成果转移转化收益比例。医疗卫生机构等有关单位要研究制定科技成果转移转化奖励和收益分配办法，完善职务发明制度，对职务科技成果完成人和为成果转化作出重要贡献的其他人员给予奖励。对职务科技成果完成人和为成果转化作出重要贡献的其他人员给予奖励时，按照以下规定执行：以技术转让或者许可方式转化职务科技成果的，应当从技术转让或者许可所取得的净收入中提取不低于50%的比例用于奖励；以科技成果作价投资实施转化的，应当从作价投资取得的股份或者出资比例中提取不低于50%的比例用于奖励；在研究开发和科技成果转化中作出主要贡献的人员，获得奖励的份额不低于总额的50%。成果转移转化收益扣除对上述人员的奖励和报酬后，应当主要用于科学技术研发与成果转移转化等相关工作，并支持技术转移转化机构的运行和发展。科技成果转移转化的奖励和报酬支出，计入单位当年工资总额，不受单位当年工资总额限制，不纳入单位工资总额基数。

明确担任单位领导职务的科技人员成果转化收益分配规定。担任具有独立法人资格单位的正职领导，是科技成果的主要完成人或者为成果转移转化作出重要贡献的,可以按照单位制定的成果转移转化奖励和收益分配办法给予现金奖励,原则上不得给予股权激励;其他担任领导职务的科技人员,是科技成果的主要完成人或者为成果转移转化作出重要贡献的,可以按照单位制定的成果转化奖励和收益分配办法给予现金、股份或出资比例等奖励和报酬。对担任领导职务的科技人员的科技成果转化收益分配实行公示和报告制度,明确公示其在成果完成或成果转化过程中的贡献情况及拟分配的奖励、占比情况等。

支持科技人员面向社会提供科技服务。探索科技成果转移转化的有效机制与模式,鼓励支持科技人员开展研究开发、专利转让、项目对接、咨询评估、培训推广等专业化技术转移服务。科技人员面向社会和企业开展研究开发、技术咨询与服务、技术培训等横向合作活动,是科技成果转化的重要形式,其管理应依据合同法和科技成果转化法执行;单位应当与合作单位依法签订合同或协议,约定任务分工、资金投入和使用、知识产权归属、权益分配等事项,经费支出按照合同或协议约定执行,净收入可按照单位制定的科技成果转移转化奖励和收益分配办法对完成项目的科技人员给予奖励和报酬。对科技人员承担横向科研项目与承担政府科技计划项目,在业绩考核中同等对待。

(七)建立有利于科技成果转移转化的人事管理制度。

建立促进科技成果转移转化绩效考核评价制度。有关单位要建立科技成果转移转化绩效评价机制,对科技成果转移转化业绩突出的机构和人员给予奖励。上级主管部门要根据科技成果转移转化年度报告情况,对科技成果转移转化绩效进行评价。

医疗机构、高等院校和科研院所要将科技成果转化情况作为科研人员和技术转移人员职称评定、岗位和薪酬管理、考核评价的重要内容和依据之一。对从事科技成果转化、应用技术研究开发的人员，要提高科技成果转移转化指标在职称评定和考核中的权重。

支持科研人员以多种形式创业。有关单位要建立和完善科技人员在岗兼职、离岗创业和返岗任职制度，对在岗兼职的兼职时间和取酬方式、离岗创业期间和期满后的权利和义务及返岗条件作出规定。鼓励医疗卫生机构、高等院校、科研院所、食品药品检验检测机构、企业及其他组织开展科技人员交流，支持本单位的科技人员以在职创业、离岗创业等方式到企业及其他组织从事科技成果转化活动；对携带科技成果或利用自身专业优势离岗创业的，经本人申请、所在单位同意，可在3年内保留人事（劳动）关系，与原单位其他在岗人员同等享受参加职称评聘、岗位等级晋升和社会保险方面的权利。离岗创业期间，科技人员所承担的国家科技计划和基金项目原则上不得中止，确需中止的应当按照有关管理办法办理手续。

（八）建立健全知识产权保护和成果转移转化程序规则。

健全医药卫生领域知识产权保护制度。各级医疗卫生机构、高等院校、科研院所和食品药品检验检测机构等要完善内部知识产权管理体系，提升知识产权质量，并通过实施、许可他人实施、转让、作价投资等形式推动知识产权转化运用工作。依托公共信用信息服务平台，建立知识产权信用体系，强化对侵犯知识产权等失信行为的联动惩戒。

明确科技成果转移转化程序与规则。各单位应当根据国家规定和单位实际建立科技成果使用、处置的程序与规则，加强对科技成果转移转化的管理。建立科技成果转移转化重大事项集体决策制度，明确科技成果转移转化管理机构和职能，统筹成果管理、技术转移、资产经营管理、法律等事务，落实科技成果报告、知识产权保护、资产经营管理等工作的责任主体。

采取多种形式合理形成科技成果转移转化价格。科技成果转移转化主要包括转让、实施许可、作价入股等形式，在向企业或者其他组织转移转化科技成果时可通过评估作价、协议定价、技术市场挂牌交易和拍卖等方式合理确定转化价格。科技成果转化过程中，通过技术交易市场挂牌、拍卖等方式确定价格的，或者通过协议定价并按规定在单位内公示的，单位领导在履行勤勉尽职义务、没有牟取非法利益的前提下，免除其在科技成果定价中因科技成果转化后续价值变化产生的决策责任。

优化并公示科技成果转移转化工作流程。对科技成果的使用、处置在单位内部实行公示制度，同时明确并公开异议处理程序和办法，公示时间不少于15日。涉及国家秘密和国家安全的，按国家相关规定执行。

三、组织与实施

加强组织领导。各级科技主管部门和卫生与健康部门要充分认识科技成果转移转化在新时期卫生与健康事业发展中的重要意义，切实加强对促进科技成果转化工作的组织领导，加大宣传力度，建立协同推进机制，加强政策协同配合，及时研究解决出现的新情况、新问题。要将卫生与健康科技成果转移转化工作纳入重要议事日程，并结合实际制订具体实施方案。切实加大资金投入、政策支持和条件保障力度。

加强示范引导。加强对试点示范工作的指导，及时交流各地经验与做法，对可复制、可推广的经验和模式及时总结推广，发挥促进科技成果转移转化与适宜技术推广应用的带动作用。加强政策落实情况的检查督导，建立和完善政策执行与通报制度，把促进成果转化与适宜技术推广工作情况作为卫生与健康行政部门目标责任制考核的内容。

国家卫生计生委　科学技术部
国家食品药品监督管理总局　国家中医药管理局
中央军委后勤保障部卫生局
2016 年 9 月 30 日

国家科学技术奖励条例

中华人民共和国国务院令

第 638 号

《国务院关于废止和修改部分行政法规的决定》已经 2013 年 5 月 31 日国务院第 10 次常务会议通过,现予公布,自公布之日起施行。

总理　李克强

2013 年 7 月 18 日

（1999 年 5 月 23 日中华人民共和国国务院令第 265 号发布；根据 2003 年 12 月 20 日《国务院关于修改〈国家科学技术奖励条例〉的决定》修订；根据 2013 年 5 月 31 日《国务院关于废止和修改部分行政法规的决定》修订）

第一章 总 则

第一条 为了奖励在科学技术进步活动中做出突出贡献的公民、组织，调动科学技术工作者的积极性和创造性，加速科学技术事业的发展，提高综合国力，制定本条例。

第二条 国务院设立下列国家科学技术奖：

（一）国家最高科学技术奖；

（二）国家自然科学奖；

（三）国家技术发明奖；

（四）国家科学技术进步奖；

（五）中华人民共和国国际科学技术合作奖。

第三条 国家科学技术奖励贯彻尊重知识、尊重人才的方针。

第四条 国家维护国家科学技术奖的严肃性。

国家科学技术奖的评审、授予，不受任何组织或者个人的非法干涉。

第五条 国务院科学技术行政部门负责国家科学技术奖评审的组织工作。

第六条 国家设立国家科学技术奖励委员会，国家科学技术奖励委员会聘请有关方面的专家、学者组成评审委员会，依照本条例的规定，负责国家科学技术奖的评审工作。

国家科学技术奖励委员会的组成人员人选由国务院科学技术行政部门提出，报国务院批准。

第七条 社会力量设立的面向社会的科学技术奖，在奖励活动中不得收取任何费用。

第二章　国家科学技术奖的设置

第八条　国家最高科学技术奖授予下列科学技术工作者：

（一）在当代科学技术前沿取得重大突破或者在科学技术发展中有卓越建树的；

（二）在科学技术创新、科学技术成果转化和高技术产业化中，创造巨大经济效益或者社会效益的。

国家最高科学技术奖每年授予人数不超过2名。

第九条　国家自然科学奖授予在基础研究和应用基础研究中阐明自然现象、特征和规律，做出重大科学发现的公民。

前款所称重大科学发现，应当具备下列条件：

（一）前人尚未发现或者尚未阐明；

（二）具有重大科学价值；

（三）得到国内外自然科学界公认。

第十条　国家技术发明奖授予运用科学技术知识做出产品、工艺、材料及其系统等重大技术发明的公民。

前款所称重大技术发明，应当具备下列条件：

（一）前人尚未发明或者尚未公开；

（二）具有先进性和创造性；

（三）经实施，创造显著经济效益或者社会效益。

第十一条　国家科学技术进步奖授予在应用推广先进科学技术成果，完成重大科学技术工程、计划、项目等方面，做出突出贡献的下列公民、组织：

（一）在实施技术开发项目中，完成重大科学技术创新、科学技术成果转化，创造显著经济效益的；

（二）在实施社会公益项目中，长期从事科学技术基础性工作和社会公益性科学技术事业，经过实践检验，创造显著社会效益的；

（三）在实施国家安全项目中，为推进国防现代化建设、保障国家安全做出重大科学技术贡献的；

（四）在实施重大工程项目中，保障工程达到国际先进水平的。

前款第（四）项重大工程类项目的国家科学技术进步奖仅授予组织。

第十二条 中华人民共和国国际科学技术合作奖授予对中国科学技术事业做出重要贡献的下列外国人或者外国组织：

（一）同中国的公民或者组织合作研究、开发，取得重大科学技术成果的；

（二）向中国的公民或者组织传授先进科学技术、培养人才，成效特别显著的；

（三）为促进中国与外国的国际科学技术交流与合作，做出重要贡献的。

第十三条 国家最高科学技术奖、中华人民共和国国际科学技术合作奖不分等级。

国家自然科学奖、国家技术发明奖、国家科学技术进步奖分为一等奖、二等奖2个等级；对做出特别重大科学发现或者技术发明的公民，对完成具有特别重大意义的科学技术工程、计划、项目等做出突出贡献的公民、组织，可以授予特等奖。

国家自然科学奖、国家技术发明奖、国家科学技术进步奖每年奖励项目总数不超过400项。

第三章 国家科学技术奖的评审和授予

第十四条 国家科学技术奖每年评审一次。

第十五条 国家科学技术奖候选人由下列单位和个人推荐：

（一）省、自治区、直辖市人民政府；

（二）国务院有关组成部门、直属机构；

（三）中国人民解放军各总部；

（四）经国务院科学技术行政部门认定的符合国务院科学技术行政部门规定的资格条件的其他单位和科学技术专家。

前款所列推荐单位推荐的国家科学技术奖候选人，应当根据有关方面的科学技术专家对其科学技术成果的评审结论和奖励种类、等级的建议确定。

香港、澳门、台湾地区的国家科学技术奖候选人的推荐办法，由国务院科学技术行政部门规定。

中华人民共和国驻外使馆、领馆可以推荐中华人民共和国国际科学技术合作奖的候选人。

第十六条 推荐的单位和个人限额推荐国家科学技术奖候选人；推荐时，应当填写统一格式的推荐书，提供真实、可靠的评价材料。

第十七条 评审委员会作出认定科学技术成果的结论，并向国家科学技术奖励委员会提出获奖人选和奖励种类及等级的建议。

国家科学技术奖励委员会根据评审委员会的建议，作出获奖人选和奖励种类及等级的决议。

国家科学技术奖的评审规则由国务院科学技术行政部门规定。

第十八条　国务院科学技术行政部门对国家科学技术奖励委员会作出的国家科学技术奖的获奖人选和奖励种类及等级的决议进行审核，报国务院批准。

第十九条　国家最高科学技术奖报请国家主席签署并颁发证书和奖金。

国家自然科学奖、国家技术发明奖、国家科学技术进步奖由国务院颁发证书和奖金。

中华人民共和国国际科学技术合作奖由国务院颁发证书。

第二十条　国家最高科学技术奖的奖金数额由国务院规定。

国家自然科学奖、国家技术发明奖、国家科学技术进步奖的奖金数额由国务院科学技术行政部门会同财政部门规定。

国家科学技术奖的奖励经费由中央财政列支。

第四章　罚　则

第二十一条　剽窃、侵夺他人的发现、发明或者其他科学技术成果的，或者以其他不正当手段骗取国家科学技术奖的，由国务院科学技术行政部门报国务院批准后撤销奖励，追回奖金。

第二十二条　推荐的单位和个人提供虚假数据、材料，协助他人骗取国家科学技术奖的，由国务院科学技术行政部门通报批评；情节严重的，暂停或者取消其推荐资格；对负有直接责任的主管人员和其他直接责任人员,依法给予行政处分。

第二十三条　社会力量未经登记,擅自设立面向社会的科学技术奖的,由科学技术行政部门予以取缔。

社会力量经登记设立面向社会的科学技术奖,在科学技术奖励活动中收取费用的,由科学技术行政部门没收所收取的费用,可以并处所收取的费用1倍以上3倍以下的罚款;情节严重的,撤销登记。

第二十四条　参与国家科学技术奖评审活动和有关工作的人员在评审活动中弄虚作假、徇私舞弊的,依法给予行政处分。

第五章　附　则

第二十五条　国务院有关部门根据国防、国家安全的特殊情况,可以设立部级科学技术奖。具体办法由国务院有关部门规定,报国务院科学技术行政部门备案。

省、自治区、直辖市人民政府可以设立一项省级科学技术奖。具体办法由省、自治区、直辖市人民政府规定,报国务院科学技术行政部门备案。

第二十六条　本条例自公布之日起施行。1993年6月28日国务院修订发布的《中华人民共和国自然科学奖励条例》、《中华人民共和国发明奖励条例》和《中华人民共和国科学技术进步奖励条例》同时废止。

科技惠民计划管理办法（试行）

科技部、财政部关于印发《科技惠民计划
管理办法（试行）》的通知
国科发社 127 号

试点省（自治区、直辖市）科技厅（委）、财政厅（局），国务院有关部门，各有关单位：

为推进民生科技成果转化应用，发挥好科技惠民、促进社会发展的支撑引领作用，经研究，决定组织实施科技惠民计划。为加强科技惠民计划组织实施的规范化、科学化管理，科技部、财政部制定了《科技惠民计划管理办法（试行）》，现印发你们，请遵照执行。

特此通知。

科学技术部　财政部
二〇一二年四月六日

第一章 总 则

第一条 为贯彻落实《国家中长期科学和技术发展规划纲要（2006—2020年）》，加快科学技术成果的转化应用，发挥科技进步在改善民生和促进社会发展中的支撑和引领作用，科技部和财政部组织实施科技惠民计划（以下简称惠民计划）。为实现惠民计划的科学化和规范化管理，特制定本办法。

第二条 惠民计划坚持面向基层，依靠科技进步与机制创新，加快社会发展领域科学技术成果的转化应用。通过在基层示范应用一批综合集成技术，推动一批先进适用技术成果的推广普及，提升科技促进社会管理创新和服务基层社会建设的能力。

第三条 惠民计划资助范围主要包括人口健康、生态环境、公共安全等与社会管理和社会发展密切相关的科技领域，其重点任务是：支持基层开展具有导向作用先进技术成果的转化应用，提升技术的实用性和产业化水平；支持基层开展重点领域先进适用技术的综合集成和示范应用，推动先进适用技术在基层公共服务领域转化应用。

第四条 惠民计划实施原则

（一）需求驱动，科技引领。以民生科技需求为驱动，以科技创新为引领，发挥"政产学研用"联合机制作用，推进国家科技计划等的研发成果走进基层、惠及百姓生活，促进可持续发展。

（二）政府引导，多元投入。坚持经费来源多元化原则，中央和地方财政共同投入，鼓励和引导社会资本、单位自筹等多元化投入。

（三）责任明确，协同推进。实行中央、省（自治区、直辖市，下同）、基层（县、市、区，下同）三级管理，发挥各级人民政府科技主管部门、财政主管部门及相关业务主管部门作用，形成上下联动、部门协作的组织机制，各方权责清晰，协同推进。

（四）目标管理，绩效考核。惠民计划以项目形式，分年度实施，试点先行，稳步推开。规范项目管理程序，强化节点和目标管理，提高管理效率。完善项目滚动实施机制，加强对项目实施过程监测及实施效果的绩效评价，优奖劣汰。充分发挥用户在项目实施、验收和绩效评价中的作用。

第二章　管理职责

第五条　科技部负责惠民计划的总体协调；会同财政部研究制定惠民计划及其经费管理办法，组织计划实施，监督管理，绩效评价等；负责编制惠民计划先进科技成果目录指南（简称科技成果目录指南）、项目实施方案的咨询论证、立项批复、成果管理等。

第六条　财政部会同科技部研究制定惠民计划及其经费管理办法，组织计划实施，监督管理，绩效评价等；负责惠民计划项目预算审批。

第七条　惠民计划相关的中央级业务主管部门参与编制科技成果目录指南，参与项目实施方案咨询论证、监督管理等工作；协调推动本领域（行业）相关技术成果与成功经验的推广普及。

第八条 省级科技主管部门、财政主管部门会同相关业务主管部门（以下简称省级组织单位）负责本地区惠民计划项目的组织实施、监督管理、考核验收等工作；负责组织项目实施方案的评审论证，择优推荐基层申报的项目实施方案；负责集成科技资源，协调落实相关政策、资金等保障条件；项目验收通过后，负责制定项目实施成果推广方案，并组织实施。

第九条 基层科技主管部门、财政主管部门会同相关业务主管部门（单位）（以下简称基层组织单位）负责项目实施方案的组织编制、申报、实施管理；负责项目承担单位的遴选；负责落实资金、政策、人才等保障条件。基层科技主管部门是项目实施管理的责任主体。

第十条 项目承担单位在基层组织单位的领导和协调下，负责编制项目实施方案；依据上级批准的项目实施方案，完成规定的目标和任务。

第三章 组织实施

第十一条 惠民计划优先支持范围：

（一）人口健康领域。优先支持体育运动康复器材、医疗器械、临床医疗和转化医学、生殖健康、民族医药、远程医疗等技术的转化应用。

（二）生态环境领域。优先支持生态治理与恢复、大气等污染控制、饮用水保障、污染土壤治理、垃圾与污泥处理、以及城镇绿化与园林建设，宜居建筑、新能源利用、节能环保等技术的转化应用。

（三）公共安全领域。优先支持食品安全检测预警、重大自然灾害监测预警、重大生产事故预防、重大突发事件应急等技术的转化应用。

第十二条 科技部会同相关中央级业务主管部门组织筛选编制科技成果目录指南。科技成果目录指南在科技部网站上统一公开发布，并定期更新。

第十三条 省级组织单位根据科技成果目录指南及相关要求，分年度组织基层申报项目实施方案。项目实施方案应当符合以下条件：

（一）符合本地区经济社会发展规划和科技发展规划的方向和部署；符合优先支持领域和范围，主要技术成果选自科技成果目录指南；技术所有方与用户的权益和责任明确。

（二）项目实施方案完整，体现整体设计、协调推进；项目目标明确、任务具体，技术指标可考核。除中央财政资金外其他来源资金确保落实到位。

（三）项目实施机制可行，政产学研用结合紧密，管理措施科学规范。建立由基层政府领导担任组长的领导小组，加强对项目实施的协调组织领导；建立由技术专家、用户、管理者参与的项目实施专家组，对项目提供技术和管理咨询。

（四）项目实施的示范作用明显，具有明确的成果用户和受益人群；项目实施成果在本地区推广应用的措施明确。

第十四条 基层组织单位组织开展项目可行性研究，确定项目承担单位，组织编制项目实施方案。

第十五条　项目承担单位结合本地区需求和技术发展现状按要求编制项目实施方案。项目承担单位应当具备以下条件：

（一）在中国大陆境内注册，具有独立法人资格的企事业单位等，应当长期从事本领域业务或研究工作，具有良好的项目实施条件。

（二）能够充分发挥产学研用联合的优势，突出用户在项目实施过程中的作用。鼓励用户优先作为项目承担单位的牵头单位。

（三）能够调动相关资源开展工作，并具有行之有效的技术成果展示和推广条件。

第十六条　基层组织单位对项目实施方案组织可行性论证后，将修改完善后的项目实施方案，正式行文报送省级组织单位。

第十七条　省级组织单位统一组织开展项目实施方案的评审论证工作。在条件具备时，应当积极采取网络、视频等方式，开展项目实施方案申报和评审论证等工作。

第十八条　省级组织单位根据规定的项目推荐要求，结合评审论证结果，择优限项向科技部、财政部报送项目实施方案，并抄送相关中央级业务主管部门。各省推荐项目实施方案的质量、组织保障能力、投入努力程度等，将作为确定本省项目推荐数量的重要因素之一。

鼓励省级组织单位推荐采用后补助方式资助的项目，适当放宽限项要求。后补助项目是指按照正常程序和要求立项后，相关单位围绕立项时确定的项目重点任务和目标先行投入并组织实施，待项目完成并通过验收后再给予相应财政补助的项目。

后补助项目的申报按照上述规定执行。

第十九条 科技部会同相关中央级业务主管部门，对省级组织单位推荐的项目实施方案组织开展咨询论证，提出年度立项建议（含后补助项目）。

第二十条 科技部按照预算管理有关规定，将项目预算安排建议报财政部审核批复。

第二十一条 科技部向省级组织单位下达立项批复，并抄送基层组织单位和相关中央级业务主管部门。项目实施起始时间以批复下达时间为准。

第二十二条 省级组织单位依据批复，组织修改项目实施方案，明确与基层组织单位、项目承担单位的责任和权益，各方签字盖章后，报科技部审核备案。基层组织单位按照修改后的项目实施方案和有关要求，组织项目承担单位具体落实，协调基层相关资源共同推进。

第二十三条 基层组织单位每年按时向省级组织单位报送项目年度执行情况报告。省级组织单位对项目实行动态管理，每年按时向科技部、财政部报送项目实施方案的年度执行情况综合报告，并抄送相关中央级业务主管部门。

第二十四条 科技部、财政部会同相关中央级业务主管部门组织有关机构、专家对项目实施方案执行情况，开展监测与评估。对于未经批准变更项目任务、未落实项目实施保障条件的基层组织单位，视情况终止项目或取消未来三年的项目申报资格，追回财政拨款；对省级组织单位未履行职责，造成项目不能顺利实施，将调减甚至取消所在省未来三年的申报项目数量或资格。

第四章　验收考核

第二十五条　项目任务完成后,由基层组织单位在一个月内向省级组织单位提出验收申请,并提交项目总结报告、用户使用报告、财务审计报告等验收材料。省级组织单位在组织完成项目财务验收后,遴选成立由技术、用户、管理等多方参与的项目验收组,通过审查验收材料、现场考察、会议质疑等程序,形成项目验收意见。项目验收意见分为通过验收和不通过验收。

(一) 项目实施方案确定的目标和任务已基本完成、经费使用合理的,为通过验收。

(二) 凡具有下列情况之一,为不通过验收:

1. 没有达到项目主要考核指标;

2. 所提供的验收文件、资料、数据不真实,存在弄虚作假;

3. 实施过程及结果等存在纠纷尚未解决;

4. 无正当理由且未经批准,超过规定的执行期限半年以上仍未完成项目任务;

5. 经费使用存在严重问题。

第二十六条　省级组织单位在项目验收结束后一个月内,将验收意见通知基层组织单位。未通过验收的,基层组织单位应在接到通知的三个月内,组织项目承担单位进行整改,在基本达标后再次提出验收申请。仍未通过验收且无正当理由的,基层组织单位、项目承担单位及相关负责人三年内不得承担本计划的项目。

第二十七条 项目验收后,省级组织单位要及时将项目实施成果及经验报送相关中央级业务主管部门,由相关中央级业务主管部门视情况组织先进技术成果及经验在全国的推广应用。省级组织单位应当组织编制项目实施成果的推广方案,也可从科技成果目录中遴选其它新的技术成果充实推广方案,明确推广目标、推广范围、推广主体及保障措施,推广方案实施时间一般为三年以上。省级组织单位按照推广方案,采取有效措施,加快成果在本地区的推广应用。

第二十八条 基层组织单位要建立覆盖项目实施全过程的电子、音像、文字、数据等材料档案,连同项目验收意见、项目总结报告、用户使用报告、财务审计报告等验收材料报送省级组织单位,为其制定项目实施成果推广方案提供基础材料。在项目通过验收的三个月内,省级组织单位将项目验收材料及项目实施成果推广方案报送科技部。

第二十九条 科技部、财政部会同相关中央级业务主管部门对通过验收的项目分年度开展抽查工作,重点检查项目实施效果。对于实施效果不良、弄虚作假、组织管理不力的项目,视情况调减省级组织单位下年度项目推荐数量。

第三十条 科技部、财政部逐步建立项目实施绩效评价制度。项目验收后三年内,科技部会同财政部开展项目实施绩效评价工作,对项目实施方案执行效果、经费使用、管理工作等情况,以及成果推广方案落实情况,进行综合评估。对于项目绩效评价结果良好、成果推广方案执行效果显著、管理经验先进的,采取以奖代补等方式,支持项目所在省开展社会管理和社会发展领域相关科技成果转化应用。

第三十一条　科技部、财政部建立完善信息公开和信用管理制度。建立惠民计划信息和成果管理平台，对项目立项信息和成果成效及时向社会公开，接受公众监督，促进成果共享与应用。推进项目实施方案网上申报评审、监督管理等工作。对与项目实施有关的人员和单位，实行信用、回避等制度管理。

第三十二条　项目涉及的知识产权等问题，严格按照《科学技术进步法》及有关知识产权保护法律法规执行；项目如涉及保密事项，要按照国家有关保密管理办法执行。

第三十三条　科技部、财政部根据惠民计划实施总体情况，定期组织开展计划执行情况全面评估，优化计划实施与管理。

第五章　附　则

第三十四条　科技部、财政部选择部分工作基础好、示范性强的地区先行试点，取得一定经验后，适时在全国范围内实施。

第三十五条　省级科技、财政主管部门应当依据本办法制定相应的管理办法（细则）。

第三十六条　本办法由科技部、财政部负责解释。

第三十七条　本办法自公布之日起施行。

科技工作者科学道德规范（试行）

中国科学技术协会关于印发《科技工作者
科学道德规范（试行）》的通知

科协发组字〔2007〕33号

各全国学会、协会、研究会，各省、自治区、直辖市科协，新疆生产建设兵团科协：

为弘扬科学精神，加强科学道德和学风建设，充分发挥各全国学会和各省区市科协的作用，推动科学道德和学风建设工作规范化、制度化，营造和谐民主、奋发拼搏、团结协作、公正公平的学术氛围，培养科技创新人才，加强科技工作者队伍建设，中国科协常委会科技工作者道德与权益专门委员会制定了《科技工作者科学道德规范（试行）》（以下简称《规范》），经中国科协七届三次常委会议审议通过。现将《规范》印发给你们，请结合本学会和各地实际，认真贯彻执行。科学道德建设是一项长期而艰苦细致的工作，在工作中，注意做好以下工作：

一、大力开展宣传教育。加强科学道德和学风建设，教育是关键。要充分认识学习宣传《规范》的重要性，面向学会会员和广大科技工作者开展宣传教育活动，提高对加强科学道德和学风建设重要意义的认识，引导科技工作者把《规范》作为从事科研工作的基本行为准则。

二、成立专门机构，狠抓落实。各全国学会和各省区市科协要成立科学道德专门委员会，结合工作实际，确定工作职责，制定工作计划，研究具体措施，负责科学道德和学风建设工作。按照《规范》要求，引导广大科技工作者加强道德自律，推动科学道德的教育与宣传工作，认真监督和调查处理学术不端行为。

三、总结经验，妥善处理投诉举报。在执行《规范》过程中，要广泛听取科技工作者及有关部门的意见和建议。要及时总结经验，注意了解科学道德和学风建设工作中出现的新情况、新问题，做好个案分析，树立先进典型。会同有关部门和单位认真处理投诉举报，逐步完善学术不端行为处理机制。

四、逐步建立诚信档案，对学术不端行为进行通报。要加强调查研究，按照《规范》要求对学术不端行为进行界定。建立会员和科技工作者诚信档案，对确定为学术不端行为的重要事件要备案，并向中国科协报告。

请你们将本单位负责科学道德和学风建设工作的

办事机构人员名单和联系方式，于2007年7月20日前报中国科协。

联系地址：北京市复兴路3号中国科协组织人事部（100863）
联系人：岳文彬 解欣
电　话：（010）68578091 68526144
传　真：（010）68578091
电子信箱：yuewenbin@cast.org.cn

二〇〇七年六月二十二日

第一章　总　则

第一条　为弘扬科学精神，加强科学道德和学风建设，提高科技工作者创新能力，促进科学技术的繁荣发展，中国科学技术协会根据国家有关法律法规制定《科技工作者科学道德规范》。

第二条　本规范适用于中国科学技术协会所属全国学会、协会、研究会会员及其他科技工作者。

第三条　科技工作者应坚持科学真理、尊重科学规律、崇尚严谨求实的学风，勇于探索创新，恪守职业道德，维护科学诚信。

第四条　科技工作者应以发展科学技术事业，繁荣学术思想，推动经济社会进步，促进优秀科技人才成长，普及科学技术知识为使命，以国家富强、民族振兴、服务人民、构建和谐社会为己任。

第二章 学术道德规范

第五条 进行学术研究应检索相关文献或了解相关研究成果，在发表论文或以其他形式报告科研成果中引用他人论点时必须尊重知识产权，如实标出。

第六条 尊重研究对象（包括人类和非人类研究对象）。在涉及人体的研究中，必须保护受试人合法权益和个人隐私并保障知情同意权。

第七条 在课题申报、项目设计、数据资料的采集与分析、公布科研成果、确认科研工作参与人员的贡献等方面，遵守诚实客观原则。对已发表研究成果中出现的错误和失误，应以适当的方式予以公开和承认。

第八条 诚实严谨地与他人合作，耐心诚恳地对待学术批评和质疑。

第九条 公开研究成果、统计数据等，必须实事求是、完整准确。

第十条 搜集、发表数据要确保有效性和准确性，保证实验记录和数据的完整、真实和安全，以备考查。

第十一条 对研究成果作出实质性贡献的专业人员拥有著作权。仅对研究项目进行过一般性管理或辅助工作者，不享有著作权。

第十二条 合作完成成果，应按照对研究成果的贡献大小的顺序署名（有署名惯例或约定的除外）。署名人应对本人作出贡献的部分负责，发表前应由本人审阅并署名。

第十三条 科研新成果在学术期刊或学术会议上发表前（有合同限制的除外），不应先向媒体或公众发布。

第十四条 不得利用科研活动谋取不正当利益。正确对待科研活动中存在的直接、间接或潜在的利益关系。

第十五条 科技工作者有义务负责任地普及科学技术知识，传播科学思想、科学方法。反对捏造与事实不符的科技事件及对科技事件进行新闻炒作。

第十六条 抵制一切违反科学道德的研究活动。如发现该工作存在弊端或危害，应自觉暂缓或调整、甚至终止，并向该研究的主管部门通告。

第十七条 在研究生和青年研究人员的培养中，应传授科学道德准则和行为规范。选拔学术带头人和有关科技人才，应将科学道德与学风作为重要依据之一。

第三章 学术不端行为

第十八条 学术不端行为是指，在科学研究和学术活动中的各种造假、抄袭、剽窃和其他违背科学共同体惯例的行为。

第十九条 故意做出错误的陈述，捏造数据或结果，破坏原始数据的完整性，篡改实验记录和图片，在项目申请、成果申报、求职和提职申请中做虚假的陈述，提供虚假获奖证书、论文发表证明、文献引用证明等。

第二十条 侵犯或损害他人著作权，故意省略参考他人出版物，抄袭他人作品，篡改他人作品的内容；未经授权，利用被自己审阅的手稿或资助申请中的信息，将他人未公开的作品或研究计划发表或透露给他人或为己所用；把成就归功于对研究没有贡献的人，将对研究工作作出实质性贡献的人排除在作者名单之外，僭越或无理要求著者或合著者身份。

第二十一条 成果发表时一稿多投。

第二十二条 采用不正当手段干扰和妨碍他人研究活动，包括故意毁坏或扣压他人研究活动中必需的仪器设备、文献资料，以及其他与科研有关的财物；故意拖延对他人项目或成果的审查、评价时间，或提出无法证明的论断；对竞争项目或结果的审查设置障碍。

第二十三条 参与或与他人合谋隐匿学术劣迹，包括参与他人的学术造假，与他人合谋隐藏其不端行为，监察失职，以及对投诉人打击报复。

第二十四条 参加与自己专业无关的评审及审稿工作；在各类项目评审、机构评估、出版物或研究报告审阅、奖项评定时，出于直接、间接或潜在的利益冲突而作出违背客观、准确、公正的评价；绕过评审组织机构与评议对象直接接触，收取评审对象的馈赠。

第二十五条 以学术团体、专家的名义参与商业广告宣传。

第四章 学术不端行为的监督

第二十六条 中国科学技术协会常务委员会科技工作者道德与权益专门委员会负责科学道德与学风建设的宣传教育，监督所属全国学会及会员、相关科技工作者执行科学道德规范情况，建立会员学术诚信档案，对涉及学术不端行为的个人进行记录，向中国科学技术协会通报。

第二十七条　调查学术不端行为应遵循合法、客观、公正原则。应尊重和维护当事人的正当权益，对举报人提供必要的保护。在调查过程中，准确把握学术不端行为的界定。

第二十八条　中国科学技术协会常务委员会科技工作者道德与权益专门委员会重视社会监督，对学术不端行为的投诉，委托相关学会、组织或部门进行事实调查，提出处理意见。